Grammaire française et impertinente

Documents Payot

Jean-Louis Fournier
Grammaire française et impertinente

Dessins de Marie Fournier

Pour Philippe et Lauren

Faut il rire de tout ?
bien sûr et surtout
de l'insupportable et passionnante
grammaire française.

Amicalement

Jean Louis Fournier

Paris le 4 Février 93

La grammaire française et impertinente est l'ensemble des règles à suivre pour dire et écrire correctement des bêtises, des grossièretés et quelques horreurs...

Une grammaire qui donne peut-être le mauvais exemple mais toujours la bonne règle.

Le mot

Ambiance lourde au couvent : mère Marie de la Crucifixion soupçonne sœur Jeanne de la Rédemption de s'être servie de son vernis à ongles.

Il y a deux sortes de mots : les mots variables et les mots invariables.

Les mots variables sont : le nom, l'article, l'adjectif, le verbe, le pronom.

Exemple :

Il conduit avec prévenance sa délicieuse vieille maman impotente chez le vétérinaire, pour la faire piquer.

Le nom maman, les adjectifs délicieuse, vieille et impotente, le verbe conduire, les pronom il, la sont des mots variables, ils se modifient au pluriel.

Imaginons maintenant que plusieurs familles s'associent pour obtenir du vétérinaire un prix de groupe et mettons la phrase au pluriel :

Exemple :

Ils conduisent avec prévenance leurs délicieuses vieilles mamans impotentes chez le vétérinaire, pour les faire piquer.

Les mots invariables sont : l'adverbe, la préposition, la conjonction, l'interjection.

Exemple :

Le jeune berger a beaucoup de travail : tous les soirs, il doit mettre un suppositoire à la naphtaline à chaque mouton, pour lutter contre l'épidémie de mites.

Beaucoup est un adverbe.
De, à, contre et pour sont des prépositions.
Beaucoup modifie le sens de travail en l'amplifiant.

Un troupeau moyen comptant deux cents têtes environ, considérant qu'il faut un suppositoire par tête, le berger a deux cents suppositoires à mettre chaque soir.

Et comme les moutons n'aiment pas ça, l'emploi de l'adverbe beaucoup est vraiment justifié.

LE NOM

Le nom indique la personne ou la chose qui fait ou subit l'action.

Exemple :

Le cyclone qui a ravagé l'île de la Réunion était d'origine criminelle.

C'est le cyclone qui fait l'action, c'est l'île de la Réunion qui subit l'action, cyclone et île sont des noms.

L'ARTICLE

L'article indique le genre et le nombre du nom qu'il précède.

Exemple :

Le gai boulanger a craché dans la pâte à choux.

Le indique que le boulanger est un homme (masculin) et qu'il est seul (singulier) à avoir craché dans la pâte à choux.

L'ADJECTIF

Il y a deux sortes d'adjectifs :
L'adjectif qualificatif
L'adjectif déterminatif

Les adjectifs qualificatifs expriment une qualité :

Exemple :

Ambiance lourde au couvent : mère Marie de la Crucifixion soupçonne soeur Jeanne de la Rédemption de s'être servie de son vernis à ongle.

La qualité de l'ambiance du couvent est d'être lourde.

Les adjectifs déterminatifs sont :

Les adjectifs possessifs, démonstratifs, interrogatifs, indéfinis et numéraux.

Exemple :

Ces jeunes grenouilles tirent leur jupe sur leurs genoux pour dérober aux gourmets la vue de leurs cuisses dodues.

Leur est un adjectif possessif. Devant jupe, il ne prend pas de s puisque les grenouilles n'ont qu'une jupe, mais devant genoux et cuisses il prend un s puisque les grenouilles ont deux genoux et deux cuisses dodues.

LE VERBE

Le verbe exprime une action ou un état.

ACTION :

Exemple :

Drame de la vengeance : en tombant, l'arbre a écrasé le bûcheron qui venait de l'abattre.

Tombant, a écrasé et abattre expriment une action.

ÉTAT :

Exemple :

C'est au moment où il mit le pied sur la lune que l'astronaute parut contrarié : il avait oublié sa gourmette sur terre.

Parut exprime un état.

LE PRONOM

Le pronom remplace un nom ou indique la personne qui agit ou subit.

Exemple :

Les histoires drôles que je racontai à Maurice ne réussirent pas à le dérider. Il se suicida peu après mon départ.

(Peut-être que les histoires n'étaient pas aussi drôles que ça ?)
Le : pronom personnel complément
Il : pronom personnel sujet
Se : pronom personnel réfléchi…
Ont la douleur de vous faire part du décès de Maurice.

On distingue les pronoms personnels, possessifs, démonstratifs, relatifs, interrogatifs, indéfinis.

L'ADVERBE

L'adverbe modifie le sens d'un adjectif, d'un verbe ou d'un autre adverbe.

Exemple :

Courageusement, il demanda à ne pas être endormi pendant son autopsie.

Courageusement modifie le verbe il demanda. On place l'adverbe en tête de la phrase lorsqu'on veut insister sur sa signification.

Il faut en effet un courage extraordinaire pour refuser d'être endormi pendant sa propre autopsie.

LA CONJONCTION ET LA PRÉPOSITION

Elles établissent des rapports entre les mots et les groupes de mots.

Exemple :

Au péril de sa vie, le médecin se précipita au chevet du moribond et le délesta de son portefeuille.

Au et de sont des prépositions. Et est une conjonction de coordination, et le médecin un vrai salaud.

L'INTERJECTION

L'interjection est une sorte de cri. Elle souligne une exclamation.

Exemple :

«Halte au génocide !» a été le slogan de la manifestation des dindes à l'approche des fêtes de Noël.

LE SENS DES MOTS

Les mots ne veulent pas toujours dire la même chose. Au cours du temps, leur signification évolue.

Exemple :

Panier

A l'origine, «panier» désignait exclusivement la corbeille destinée au pain. De nos jours, son sens s'est considérablement élargi.

Exemple :

Bernard entraîna Geneviève dans les fourrés et lui mit la main au panier.

Ici, il n'est plus question de pain, quoiqu'il soit encore question de «miches».

La ponctuation

Pour ne pas briser la glace, les éléphants ont traversé le lac gelé sur la pointe des pieds.

La ponctuation sert à séparer les phrases, les propositions, les mots et à faire respecter les temps. C'est une information pour la lecture et la compréhension du texte.

LE POINT (.)

indique la fin d'une phrase.

Exemple :

Drame de la chasse : le chasseur prend son père pour un sanglier et l'abat. Puis le mange.

Le point marque une pause assez longue.

En effet, on imagine bien que le chasseur n'a pas mangé son père tout cru.

L'ayant pris pour un sanglier, il a dû l'accommoder comme l'on fait de cette sorte de gibier et cela nécessite une pause assez longue.

LA VIRGULE (,)

sépare certains éléments à l'intérieur de la phrase.

C'est le signe de ponctuation le plus faible. Elle marque une pause assez courte.

Exemple :

Pour ne pas briser la glace, les éléphants ont traversé le lac gelé sur la pointe des pieds.

Les éléphants, voyant le lac gelé, se sont concertés très rapidement, puis, après une pause assez courte, ont décidé de traverser le lac sur la pointe des pieds.

LE POINT-VIRGULE (;)

est le signe de ponctuation qui se situe entre le point et la virgule. Il marque une pause un peu plus longue que la virgule et sépare en général deux propositions.

Exemple :

Pour fêter le mariage d'un des leurs, les mineurs de Saint- Étienne ont fait une haie d'honneur aux nouveaux époux et leur ont lancé des morceaux de charbon ; la mariée est dans un état grave.

Entre le moment où la mariée a reçu des morceaux de charbon et celui où elle s'est retrouvée dans un état grave, il y a eu une pause un peu plus longue que la virgule.

LE POINT D'INTERROGATION (?)

remplace le point à la fin d'une phrase interrogative directe.

Exemple :

«Y a-t-il un supermarché après la mort ?» demanda-t-elle avec angoisse.

LE POINT D'EXCLAMATION (!)

remplace le point à la fin d'une phrase exclamative.

Exemple :

L'inventeur de la chaise a dû faire les plans de son invention debout !

On l'emploie aussi après une interjection :

OH ! BOUM ! CHUT ! VLAN ! BEURK !

Le point d'interrogation et le point d'exclamation marquent la même pause que le point.

LES DEUX POINTS (:)

annoncent une citation, une énumération ou un développement explicatif.

Exemple :

Un sourire de béatitude irradiait le visage du pape : il venait de gagner quatre parties gratuites au flipper.

Pourquoi le pape avait-il un sourire de béatitude ? Parce qu'il venait de gagner quatre parties gratuites au flipper. Il s'agit ici d'un développement explicatif.

LES POINTS DE SUSPENSION (...)

indiquent que la pensée reste inachevée.

Exemple :

Jonas a eu une nuit agitée, sa baleine avait le hoquet...

On a tous compris qu'il est malaisé de dormir dans une baleine qui a le hoquet (la pensée peut rester inachevée).

Les points de suspension servent aussi à mettre en valeur un mot ou un groupe de mots.

Exemple :

L'inventeur du réfrigérateur vient de disparaître à quatre-vingt-un ans. Il a été retrouvé mort... de froid.

Le tiret (-)

indique le début d'un dialogue ou le changement d'interlocuteur.

Exemple :

- Tu la vois celle-là ? dit mon père en me montrant sa grosse main velue.

Je sentis alors un grand choc sur mon visage et je perdis conscience.

Il peut aussi, lorsqu'il encadre un mot, une locution, mettre en valeur un détail important.

Exemple :

Après plusieurs mois, la commission d'enquête semble attribuer l'accident du boeing 747, qui avait percuté le mont Gerbier-de-Jonc, à la cécité du commandant de bord - aveugle de naissance - monsieur Perrin.

C'est un détail important que la cécité du commandant de bord.

Il est en effet vraisemblable que, s'il n'avait pas été aveugle, il aurait vu le mont Gerbier-de-Jonc, et l'aurait évité.

Les guillemets (« »)

sont utilisés au début et à la fin d'une citation ou d'un dialogue.

Exemple :

Si «les oiseaux se cachent pour mourir», les hommes se cachent pour pisser.

Ils s'emploient également pour encadrer une expression étrangère, des termes familiers ou argotiques.

Exemple :

La bergère conseilla au berger de «laisser pisser le mérinos».

Les parenthèses(( ))

permettent d'introduire une phrase ou une réflexion à l'intérieur d'un développement.

Exemple :

Le chanoine (chorégraphe à ses heures) a tenu à être présent lors de l'essai des tutus.

Importance de la ponctuation

Exemple :

1 - Les notaires qui s'étaient enfuis avec la caisse furent rattrapés par la police.

2 - Les notaires, qui s'étaient enfuis avec la caisse, furent rattrapés par la police.

Ponctuées d'une façon différente, ces deux phrases n'ont pas la même signification.

1 - Certains notaires s'étaient enfuis avec la caisse et furent rattrapés par la police.

2 - Tous les notaires furent rattrapés par la police car ils s'étaient enfuis avec la caisse.

En conséquence, une mauvaise ponctuation peut avoir des incidences sur la compréhension du texte et sur l'image de marque des notaires.

Les fonctions grammaticales

Le sujet - Le complément d'objet - Le complément circonstanciel -
Le complément d'agent - Le complément d'attribution - L'attribut

Bernard commençait à se désintéresser de sa femme, entrée dans un coma dépassé depuis vingt ans.

LE SUJET

Le sujet est l'être ou la chose dont le verbe exprime l'état ou l'action.

On trouve le sujet en mettant qu'est-ce qui ? ou qui est-ce qui ? avant le verbe.

Exemple :

Le gai laboureur est incommodé par les pets incessants de son percheron.

Qui est-ce qui est incommodé par les pets incessants du percheron ?

Le gai laboureur, parce qu'il est juste derrière et qu'il a le nez à hauteur du cul de la bête, donc le gai laboureur est bien le sujet.

NATURE DU SUJET

Le sujet est le plus souvent un nom ou un groupe nominal.

Exemple :

Dès qu'il a appris qu'il était condamné à mort, le prévenu s'est rembruni.

On peut aussi trouver comme sujet :

Une proposition

Exemple :

Qui veut voyager loin ménage ses chaussures.

Un infinitif

Exemple :

Partir c'est mourir un peu.

Mourir c'est partir tout à fait.

Un pronom

Exemple :

Passionné d'optique sanitaire, il s'était spécialisé dans les lunettes de W.-C.

PLACE DU SUJET

Le nom sujet est en général placé avant le verbe :

Exemple :

Le jardinier coupe la queue du chat avec son sécateur.

Le nom sujet est placé après le verbe (inversion du sujet) :

Exemple :

Qui a coupé la queue du chat avec son sécateur ? Le jardinier.

Le nom sujet peut être placé après le verbe sans qu'il s'agisse d'une construction obligatoire.

Dans les propositions relatives commençant par un relatif complément d'objet, attribut ou complément circonstanciel :

Exemple :

La queue du chat que le jardinier a coupée.

ou

La queue du chat qu'a coupée le jardinier.

Le relatif est complément d'objet et tient lieu de queue du chat.

Le complément d'objet

On appelle complément d'objet tout mot qui permet de compléter l'idée commencée par un autre mot.

Le complément d'objet répond à la question qui ?
ou quoi ? ajoutée au verbe.

Exemple :

Le docteur Guillotin avait inventé la guillotine. Pour ne pas être en reste, le docteur Nicotin inventa la nicotine.

Le docteur Guillotin avait inventé quoi ?

La guillotine, complément d'objet du verbe inventer.

Le docteur Nicotin inventa quoi ?

La nicotine, complément d'objet du verbe inventa.

LE COMPLÉMENT D'OBJET DIRECT

Le complément d'objet direct se joint au verbe directement, c'est-à-dire sans l'intermédiaire d'aucune préposition.

Exemple :

L'assureur a refusé tout net d'assurer sur la vie un éphémère.

L'assureur a refusé tout net d'assurer qui ?

Un éphémère (qui ne vit qu'un jour), complément d'objet direct du verbe assurer.

LE COMPLÉMENT D'OBJET INDIRECT

Le complément d'objet indirect est introduit au moyen d'une préposition. Il est relié au verbe indirectement.

Le complément d'objet indirect répond à la question à qui ? à quoi ? par qui ? par quoi ?... etc., posée après le verbe.

Exemple :

L'incendie criminel de la charcuterie a donné au village une délicieuse odeur de barbecue.

L'incendie criminel de la charcuterie a donné une délicieuse odeur de barbecue à quoi ? au village (complément d'objet indirect de a donné).

PLACE DU COMPLÉMENT D'OBJET

En général, le complément d'objet se place après le verbe.

Exemple :

Archimède avait pour principe de rincer sa baignoire après chaque bain.

Archimède rinçait quoi ? Sa baignoire.

Le complément d'objet peut se trouver avant le verbe dans les cas suivants :

Propositions interrogatives ou exclamatives.

Exemple :

Quelle huître as-tu apprivoisée ?

Huître complément d'objet de apprivoisée.

Exemple :

Dans la musique concrète, c'est la dernière note que je préfère!

Note complément d'objet de je préfère.

Le complément est un pronom personnel ou relatif.

Exemple :

Ah! que, ah! que je t'aime.

T' est complément d'objet de aime.

Le complément circonstanciel

Le complément circonstanciel complète le sens du verbe au moyen d'une idée de lieu, de temps, de manière, de cause, etc.

Il répond aux questions où ?, quand ?, comment ?, pourquoi ?, etc.

Exemple :

La biche a vomi dans l'étang que le soleil couchant empourpre.

La biche a vomi où ça ? dans l'étang. Étang est complément circonstanciel de lieu du verbe a vomi.

LE COMPLÉMENT CIRCONSTANCIEL DE LIEU

Le complément circonstanciel de lieu indique le lieu où s'accomplit l'action. Il répond aux questions où ?, d'où ?, par où ?

Il indique le lieu où l'on est :

Exemple :

A la suite d'un fou rire, il fit choir le cercueil et le corps de son père roula sur le parquet avec un bruit mat.

Le corps de son père roula où ça ? Sur le parquet, complément circonstanciel de lieu du verbe roula.

Il indique le lieu d'où l'on vient :

Exemple :

Parti de rien.

Il indique le lieu où l'on va :

Exemple :

Arrivé nulle part.

Le complément circonstanciel de temps indique la date, le moment.

Il répond à la question quand ?

Exemple :

La poissonnerie de garde est ouverte le dimanche, mais seulement pour les urgences.

Il indique la durée.

Il répond à la question : pendant, depuis combien de temps ?

Exemple :

Bernard commençait à se désintéresser de sa femme, entrée dans un coma dépassé depuis vingt ans.

Depuis combien de temps la femme de Bernard est-elle entrée dans un coma dépassé ? Depuis vingt ans.

LE COMPLÉMENT CIRCONSTANCIEL DE MANIÈRE

Le complément circonstanciel de manière indique de quelle manière s'accomplit l'action.

Il répond à la question : comment ? de quelle façon ?

Exemple :

La veille de l'exécution, le bourreau graisse sa guillotine avec amour.

Le bourreau graisse sa guillotine comment ?
Avec amour, complément de manière du verbe graisser.

Un complément de manière peut être introduit par une préposition (à, de, en, avec, pour, sans, selon) ou une conjonction (comme ou que).

Exemple :

«Faites comme si vous ne l'aviez pas vu, il est en plein âge bête», dit-elle en désignant son serin qui faisait des excentricités.

Faites comment ? Comme si vous ne l'aviez pas vu.

LE COMPLÉMENT CIRCONSTANCIEL DE CAUSE

Le complément circonstanciel de cause indique la cause, le motif de l'action.

Il répond à la question : pourquoi ? sous l'effet de quoi ?

Exemple :

Il est mort de rire.

Il est mort pourquoi ? Parce qu'il riait.

Le complément circonstanciel de moyen indique par quel moyen s'accomplit l'action.

Il répond aux questions : au moyen de qui, de quoi ? en quoi ou avec quoi ? par quel endroit du corps ou d'un objet ?

Exemple :

Un tueur de l'abattoir a tué son collègue en l'assommant avec un demi-bœuf.

Au moyen de quoi le tueur de l'abattoir a-t-il assommé son collègue ? Au moyen d'un demi-bœuf.

Demi-bœuf : complément de moyen de en assommant.

Il existe encore bien d'autres compléments : les compléments circonstanciels de quantité, de but, de concession, de condition, etc.

LE COMPLÉMENT D'AGENT

Le complément d'agent répond aux questions par qui ? par quoi ? posées après un verbe passif.

Exemple :

Il fut heurté légèrement par un char d'as-saut.

Il fut heurté par quoi ? Par un char d'assaut.
Char d'assaut : complément d'agent du verbe fut heurté.

LE COMPLÉMENT D'ATTRIBUTION

Le complément d'attribution indique envers qui l'action est accomplie. Il répond à la question à qui ?

Exemple :

Après la chasse à courre, le chasseur, très vieille-France, a présenté ses condoléances à la biche.

A qui le chasseur a-t-il présenté ses condoléances? A la biche.

A la biche : complément d'attribution du verbe a présenté (ses condoléances).

Le complément d'attribution se trouve après les verbes du sens de donner, prêter, vendre, dire, permettre, montrer, pardonner, appartenir, etc.

L'ATTRIBUT

L'attribut est un mot qui qualifie un autre mot par l'intermédiaire d'un verbe.

Exemple :

Il est cocu le chef de gare.

L'adjectif cocu qualifie le nom-sujet chef de gare.

Lorsque l'attribut se rapporte à un complément d'objet, il devient attribut du complément d'objet.

L'ATTRIBUT DU SUJET

L'attribut du sujet peut être un nom, un pronom, un adjectif, un infinitif ou une proposition.
On rencontre l'attribut du sujet après le verbe être et les autres verbes d'état : devenir, paraître, rester, sembler, etc.

Exemple :

Si le chameau est le vaisseau du désert, le rat est le hors-bord des égouts.

Après quelques verbes passifs (être élu, être nommé) et après quelques verbes intransitifs comme arriver, mourir, naître, partir, tomber, etc.

Exemple :

André Dusseau a été déclaré champion de France de la paupiette de veau.

L'attribut du complément d'objet

L'attribut du complément d'objet exprime une qualité attribuée au complément d'objet par l'intermédiaire d'un verbe comme croire, estimer, juger, penser, etc.

Exemple :

La grève des sacristains a rendu instable le climat social.

Le nom - I -

DÉFINITION - NOM COMMUN - NOM PROPRE - LE GENRE DES NOMS

L'homme-tronc mettait toute son élégance dans ses chapeaux.

Définition

Le nom est un mot variable. Il sert à désigner les êtres (personne ou animal) ou les choses (objet, action ou idée) qui appartiennent à une même famille.

Exemple : Imbécile, téléspectateur.

Un imbécile appartient à la grande famille des imbéciles.

Un téléspectateur appartient à la grande famille des téléspectateurs.

On distingue :

Les noms simples (un seul mot).

Exemple :

Weltanschauung, zwinglianisme sont des noms simples.

Les noms composés (deux ou plusieurs mots réunis).

Exemple :

Peigne-cul, songe-creux, rase-pet, bec-de-lièvre, croc-en-jambe, gueule de bois, sot-l'y-laisse sont des noms composés.

Exemple :

L'homme-tronc mettait toute son élégance dans ses chapeaux.

Les noms concrets qui désignent un être ou un objet réel.

Exemple :

Canon est un nom concret.

Les noms abstraits qui expriment une idée, un sentiment.

Exemple :

Paix est un nom abstrait. Surtout pour ceux qui sont à côté des canons.

NOM COMMUN

Le nom commun désigne tous les êtres ou les choses d'une même espèce.

Exemple :

La dinde de Noël n'était pas assez cuite, elle s'envola par la fenêtre.

Le nom dinde est commun à toutes les volailles de la même espèce, mais toutes ne s'envolent pas par la fenêtre quand elles ne sont pas assez cuites.

Nom propre

Le nom propre s'écrit avec une majuscule. Il confère aux êtres et aux choses une valeur particulière.

Exemple :

Frankenstein, Dracula, Landru, Pie XII, Al Capone, sont des noms propres**.**

Les prénoms et les noms de personnes ou d'animaux prennent aussi une majuscule.

De même les noms géographiques.

Exemple :

Bernard, l'alligator de Maurice, est resté pensif devant les chutes du Niagara.

Le genre des noms

La langue française comporte deux genres :

Le masculin et le féminin.

Exemple :

Un grand salaud (masculin).

Une grande salope (féminin).

En général, les noms de personnes ou d'animaux sont du masculin ou du féminin suivant le sexe de l'être désigné.

Exemple :

L'épicier et l'épicière ont soif d'absolu.

Les noms de choses ne changent pas. Certains sont masculins, d'autres sont féminins.

Exemple :

Un radis, une machine à coudre, un cercueil, une tarte.

REMARQUE :

Certains noms désignant des hommes ont pu garder le genre féminin :

Exemple :

Une vigie, une clarinette, une recrue, etc.

D'autres désignant des femmes sont du masculin :

Exemple :

Un bas-bleu, un laideron, un mannequin, un cordon-bleu, etc.

Formation du féminin des noms

Le féminin des noms se forme en général en ajoutant un e au masculin :

Exemple :

Le démon a engrossé **la démone.**

L'ennemi a engrossé **l'ennemie.**

Le mouchard a engrossé **la moucharde.**

Les noms terminés en e au masculin restent identiques au féminin :

Exemple :

Le dentiste a engrossé **la dentiste.**

Certains forment leur féminin en esse :

Exemple :

Le traître a engrossé **la traîtresse.**

Les noms masculins qui se terminent en er ont leur féminin en ère :

Exemple :

Le chiffonnier a engrossé **la chiffonnière.**

L'aventurier a engrossé **l'aventurière.**

Les noms masculins se finissant en x et eur ont leur féminin en se :

Exemple :

Le lépreux a engrossé **la lépreuse.**

Le grondeur a engrossé **la grondeuse.**

Certains noms en eur ont un féminin en eresse :

Exemple :

Le vengeur a engrossé **la vengeresse.**

Presque tous les noms masculins en teur ont leur féminin en trice :

Exemple :

Le délateur a engrossé **la délatrice.**

Les noms masculins en ien, ion doublent le n au féminin :

Exemple :

L'académicien a engrossé **l'académicienne.**

L'espion a engrossé **l'espionne.**

Remarque :

Paysan et Jean doublent aussi le n au féminin : **Jeanne, la paysanne**.

Les noms masculins finissant en p et f ont leur féminin en ve.

Exemple :

Le loup a engrossé **la louve.**

Le veuf a engrossé **la veuve.**

Le fugitif a engrossé **la fugitive.**

Le captif a engrossé **la captive.**

Les noms masculins terminés en el, eau ont leur féminin en elle :

Exemple :

Le contractuel a engrossé **la contractuelle.**

Mais le puceau n'a pas encore engrossé **la pucelle.**

Certains noms féminins sont formés d'après un radical différent du masculin.

Exemple :

Le cheval et la jument

Le bouc et la chèvre

Le roi et la reine

Le jars et l'oie

Le parrain et la marraine

Le héros et l'héroïne

Le cerf et la biche
Le lièvre et la hase
Le frère et la soeur… etc.
ont la joie de vous annoncer la naissance de....

Certains noms changent de genre selon qu'ils sont employés au singulier ou au pluriel.

Amour, délice et orgue sont masculins au singulier, féminins au pluriel.

Exemple :

Un amour de crapaud.
De folles amours crapuleuses.

Gent est féminin au singulier.

Exemple :

Après le succès de la journée nationale du cheval, la gent féminine a exigé une journée nationale de la jument.

Dans les expressions : les vieilles gens, les bonnes gens, les petites gens, le mot gens est accompagné d'un adjectif épithète féminin. Toutefois, l'adjectif attribut reste au masculin.

Exemple :

Les vieilles gens sont de plus en plus mal élevés.

Le nom - II -

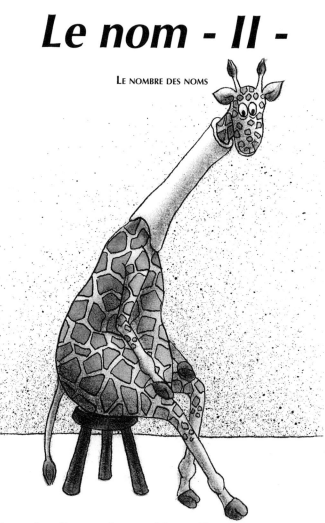

La girafe, qui souffre d'une névralgie cervico-brachiale, devra porter une minerve pendant six mois.

Le nombre des noms

La langue française comporte deux nombres :

Le singulier et le pluriel.

Formation du pluriel des noms communs

Le pluriel des noms communs s'obtient le plus souvent en ajoutant un s au singulier.

Exemple :

La girafe, qui souffre d'une névralgie cervico-brachiale, devra porter une minerve pendant six mois.

Les girafes, qui souffrent de névralgies cervico-brachiales, devront porter des minerves pendant six mois.

Les noms terminés en al ont leur pluriel en aux.

Exemple :

L'amiral, un peu ivre, est tombé de son piédestal.

Les amiraux, un peu ivres, sont tombés de leurs piédestaux.

Bal, cal, carnaval, cérémonial, chacal, étal, festi-
val, pal, récital, régal prennent un s au pluriel.

Exemple :

Les bals des chacals sont de vrais régals.

Les noms terminés en ail forment leur pluriel en
ails.

Exemple :

Les éventails ne chassent pas le brouillard.

Bail, corail, émail, soupirail, travail, vantail, vitrail
ont leur pluriel en aux.

Exemple :

**Bernard a cassé tous les vitraux de la cathé-
drale de Chartres avec sa fronde.**

Les noms terminés en au, eau, eu prennent un x au
pluriel.

Exemple :

**Pour faire taire son chien, l'artisan lui a mis
le museau dans un étau.**

**Pour faire taire leurs chiens, les artisans
leur ont mis les museaux dans des étaux.**

Landau, bleu et pneu prennent un s au pluriel.

Exemple :

Au rallye des landaus, beaucoup de pneus et de bébés ont crevé.

Les noms terminés au singulier par s, x ou z restent inchangés au pluriel.

Exemple :

A l'examen du permis de chasse, Maurice a été recalé ; il avait écrit des perdrix avec un S.

Les noms qui finissent par ou ont le pluriel en s.

Exemple :

Le pape a fait des papouilles aux petits papous.

EXCEPTION :
Bijou, caillou, chou, genou, hibou, joujou, pou prennent un x.

Exemple :

«Si tu viens sur mes genoux mon chou, dit le hibou au pou, je ne te lancerai plus de cailloux mais tu auras des joujoux, mon bijou».

En général, le pluriel des noms géographiques se forme comme celui des noms communs.

Exemple :

L'Inde, les Indes.

La Syldavie, les Syldavies.

Les noms propres de personnes sont à priori invariables mais ils peuvent se mettre au pluriel lorsqu'ils désignent :

Des familles illustres :

Exemple :

Les Tudors, les Borgias et les Groseilles.

Des personnes prises comme modèle :

Exemple :

Des Ravaillacs, des Pinochets, des Hitlers, des saintes Thérèses de Lisieux.

Les œuvres artistiques d'un auteur :

Exemple :

Des Monets, des Warhols.

Ils restent invariables quand ils sont utilisés dans un sens général et emphatique, et précédés de l'article.

Exemple :

Les Mermoz et les Guynemer ne sont pas morts dans leur nid.

Formation du pluriel des noms composés

Les noms composés écrits en un seul mot :

Ils forment leur pluriel comme des noms simples.

Exception :

Madame, Mademoiselle, Monsieur, bonhomme, gentilhomme et monseigneur font au pluriel :

Mesdames, Mesdemoiselles, Messieurs, bonshommes, gentilshommes, messeigneurs.

Les noms composés écrits en plusieurs mots ont un pluriel qui varie suivant la nature des différents mots qui les composent.

NOM + NOM : les deux éléments se mettent au pluriel.

Exemple :

Un chat-tigre, des chats-tigres.
Un anchois-lion, des anchois-lions.

NOM + ADJECTIF ou ADJECTIF ÉPITHÈTE + NOM :

Les deux prennent la marque du pluriel.

Exemple :

Un bec-fin, des becs-fins

Une basse-fosse, des basses-fosses.

NOM + COMPLÉMENT DU NOM :

Le premier élément seul prend la marque du pluriel.

Exemple :

La truie refuse de manger des pieds-de-porc.

MOT INVARIABLE + NOM :

Seul le nom se met au pluriel.

Exemple :

Les détenus ont exigé d'avoir dans leur cellule, du papier à lettre avec l'en-tête de la prison.

Les détenus ont exigé d'avoir dans leur cellule, du papier à lettre avec les en-têtes de la prison et du ministère de la Justice.

VERBE + NOM COMPLÉMENT D'OBJET :

Le verbe reste invariable, le complément en général reste invariable mais peut changer selon le sens du mot.

Exemple :

Le général, qui se prend pour un lampadaire, remplace son képi par un abat-jour.

Les généraux, qui se prennent pour des lampadaires, remplacent leur képi par des abat-jour.

L'article

L'ARTICLE DÉFINI - L'ARTICLE INDÉFINI - L'ARTICLE PARTITIF

Un soir où il s'ennuyait, il décida d'épiler son hérisson.

L'article est un mot variable qui se place avant le nom, en indique le genre et le nombre et lui donne une détermination.

Exemple :

Le vicomte et la vicomtesse ont la douleur de vous faire part du mariage de leur fille Clotilde avec monsieur Ali ben Ahmed.

On distingue :

L'article défini (le, la, les)
L'article indéfini (un, une, des)
L'article partitif (du, de la, des)

L'ARTICLE DÉFINI

	Singulier		Pluriel	
	Masculin	Féminin	Masculin	Féminin
Normal	Le jour	La fesse	Les mois	Les saisons
Élidé	L'étron	L'aurore		
Contracté	Au jour (à le) Du jour		Aux ours (à les) Des mois	Aux nuits Des saisons

REMARQUE :

L'article défini s'emploie sous sa forme élidée devant un mot singulier commençant par une voyelle ou un h muet.

Exemple :

L'ostréiculteur n'a pas fermé l'œil de la nuit : il est resté au chevet de l'huître enrhumée, une belon, qui a éternué jusqu'à l'aube.

L'article défini prend une forme contractée au masculin singulier, au masculin et féminin pluriels lorsqu'il se compose avec les prépositions à ou de.

- à le se contracte en au
- à les se contracte en aux
- de le se contracte en du
- de les se contracte en des

Exemple :

L'orthopédiste a remporté le premier prix des vitrines de Noël.

L'EMPLOI DE L'ARTICLE DÉFINI

Placé devant un nom commun, l'article défini détermine ce nom de façon précise.

Exemple :

Le poing du chirurgien s'abattit sur la gueule de l'opéré qui ronflait trop fort.

Le précise le nom poing. La précise le nom gueule.

L'article défini peut prendre le sens :

D'un adjectif démonstratif

Exemple :

Exceptionnellement, la prison sera ouverte le mardi 14 (ce mardi).

D'un adjectif possessif

Exemple :

Il m'a enfoncé son doigt dans l'œil (dans mon œil).

Employé une seconde fois, le possessif mon peut paraître une précision superflue car, hélas!, il ne s'agit pas de l'œil de l'autre mais bien de mon œil.

D'un adjectif indéfini

Exemple :

«Du sang à cinq francs le litre (chaque litre)**, ce n'est pas cher»**, dit le vampire.

L'article défini s'emploie devant les noms propres de peuple ou de pays.

Exemple :

Pour les Indiens, le Bengla-Desh ce n'est pas le Pérou.

On ne l'utilise pas devant le nom propre de personne ou de ville.

Exemple :

Hitler a parfois été un peu dur avec autrui.

Cependant, on le place devant les noms propres qui désignent :
Les familles :

Exemple :

Les Lequesnoy et les Groseille.

Les noms de personnes précédés d'un adjectif :
Exemple :

L'ignoble Adolphe.

Les œuvres d'un artiste :
Exemple :

«Je ne voudrais pas pour un empire de Picassos dans mon living», dit la fermière.

L'ARTICLE INDÉFINI

ARTICLE INDÉFINI	SINGULIER	PLURIEL
Masculin	Un âne	
		Des animaux
Féminin	Une vache	

L'article indéfini se place devant le nom des êtres et des choses qu'il détermine sans grande précision.

Exemple :

Un soir où il s'ennuyait, il décida d'épiler son hérisson.

Au pluriel aussi, il indique un nombre indéterminé.

Exemple :

Cette année, des membres de l'Institut médico-légal souhaiteraient ne pas réveillonner à la morgue.

Des indique le nombre indéterminé de membres du personnel de l'Institut médico-légal.

L'ARTICLE PARTITIF

L'article partitif s'emploie devant les noms de choses pour en désigner une certaine quantité.

Article partitif	Singulier	Pluriel
Masculin	Manger du caviar	Boire des litres
Féminin	Manger de la langouste	Choisir des fraises

Exemple :

Il coupa les mains de sa femme sourde et muette pour qu'elle arrêtât de dire des bêtises.

L'adjectif

L'ADJECTIF QUALIFICATIF - LES ADJECTIFS DÉTERMINATIFS (ADJECTIFS POSSESSIFS - ADJECTIFS DÉMONSTRATIFS - ADJECTIF INTERROGATIF - ADJECTIF INDÉFINI - ADJECTIFS NUMÉRAUX)

Pour la rentrée des classes, la mère de l'aigle à deux têtes a dû acheter deux bérets.

Il existe deux sortes d'adjectifs : les adjectifs qualificatifs et les adjectifs déterminatifs.

L'ADJECTIF QUALIFICATIF

L'adjectif qualificatif est un mot variable dont le
rôle est d'exprimer une qualité de l'être ou de la
chose (nom ou pronom) qu'il accompagne.

Exemple :

**Le bûcheron ivre a décapité par erreur
deux de ses enfants.**

L'adjectif ivre exprime une qualité du bûcheron.

FONCTION DE L'ADJECTIF QUALIFICATIF

L'adjectif qualificatif peut être épithète, attribut ou
mis en apposition.

ÉPITHÈTE

On appelle un adjectif qualificatif épithète quand il
est juxtaposé au nom qu'il qualifie.

Exemple :

**Un charcutier de Lourdes, particulièrement
pieux, a eu l'idée de vendre des chapelets de
saucisses bénits.**

Pieux qualifie le charcutier, bénits qualifie les
chapelets de saucisses.

L'adjectif épithète peut être employé après certains pronoms de sens neutre. Il est alors introduit par la préposition de.

Exemple :

Il n'y a rien de grave, il est mort...

Grave est épithète de rien.

L'adjectif qualificatif est attribut du sujet lorsqu'il exprime une qualité attribuée au sujet dont il est séparé par un verbe.

Exemple :

Le condamné à mort est morose, il n'a pas reçu de vœux pour l'année nouvelle.

Morose est un attribut de condamné à mort.
Mais nouvelle est épithète de année.

L'adjectif qualificatif est attribut de l'objet lorsqu'il exprime une qualité attribuée au complément d'objet.

Exemple :

Les chasseurs trouvent le lièvre un peu fuyant.

Les chasseurs attribuent au lièvre la qualité de fuyant. Fuyant est attribut du complément d'objet lièvre.

L'adjectif qualificatif est en apposition lorsqu'il exprime la qualité d'un nom ou d'un pronom dont il est séparé par une virgule.

Exemple :

Irrésistible, le médecin légiste nous a raconté ses autopsies.

Irrésistible est en apposition du sujet le médecin légiste.

FORMATION DU FÉMININ

Le féminin des adjectifs qualificatifs se forme le plus souvent en ajoutant un e au masculin.

Exemple :

Un joli crottin

Une jolie crotte

L'adjectif masculin terminé en e reste inchangé au féminin.

Exemple :

Un oiseau bègue

Une autruche myope

Les adjectifs terminés en eau, ou, ont un féminin en elle, olle.

Exemple :

La fermière fait sauter des pommes de terre nouvelles sur les genoux.

Eh, ventre mou !

Va donc eh, couilles molles !

Flou et hindou qui font floue et hindoue.

Les adjectifs terminés en el, ul, l mouillé ont un féminin en elle, ulle, ille.

Exemple :

Jeanne d'Arc était nulle en broderie.

Les adjectifs doublent leur consonne finale au féminin. De même ceux qui se terminent en ien, on, dont le féminin est ienne, ionne.

Exemple :

Le gai helléniste a reçu un chapiteau corinthien sur le coin de la figure.

Le gai helléniste a reçu une colonne corinthienne sur le coin de la figure.

Les adjectifs qui se terminent en et ont un féminin en ette. Ils doublent la consonne finale.

Exemple :

Fluet, fluette.

Il avait le mollet fluet et la cuisse fluette.

EXCEPTIONS :
Complet, concret, désuet, discret, incomplet, indiscret, inquiet, replet, secret forment leur féminin en ète.

Les adjectifs terminés en ot ont le féminin en ote.

Exemple :

Il était falot, elle était falote, ils se marièrent.

EXCEPTIONS :
Boulot, maigriot, pâlot, sot, vieillot qui doublent la dernière consonne.

Exemple :

Un sous-chef sot, pâlot, maigriot.

Une charcutière sotte, pâlotte, maigriotte.

Les adjectifs qui se terminent en er ont un féminin en ère.

Exemple :

Un porc altier. Une truie altière.

Les adjectifs en s ont leur féminin en se.

Exemple :

«J'ai faim», dit le petit garçon soudanais.
«J'ai faim», dit la petite fille soudanaise.
«C'est normal, il est midi», répondis-je fort
à propos.

EXCEPTIONS :
Bas, épais, gras, gros, las, exprès, métis qui doublent le s et donnent un féminin en sse.

Exemple :

Dans son guide du savoir-vivre, la grosse
baronne nous apprend à vomir sans écla-
bousser nos voisins de table.

Les adjectifs en x forment leur féminin en se.

Exemple :

Le vicieux aime la vicieuse.

EXCEPTIONS :
Faux, roux qui doublent le s au féminin. Doux devient douce. Douce, fausse, rousse.

Exemple :

Elle était si douce qu'elle refusait de battre
les œufs.

Les adjectifs en eur donnent au féminin euse.

Exemple :

La Sainte Vierge est plus crâneuse que saint Joseph.

EXCEPTIONS :

Antérieur, extérieur, inférieur, intérieur, majeur, meilleur, mineur, postérieur, supérieur, ultérieur qui forment leur féminin en e.

Exemple :

La passion pour les mineures peut provoquer des embêtements majeurs.

Les adjectifs en teur ont un féminin en trice.

Exemple :

Le débiteur a débité la débitrice.

EXCEPTION :

Péteur qui fait péteuse au féminin.

Les adjectifs en gu ont un féminin en güe. Le tréma signifie que l'on prononce le u.

Exemple :

Ma chambre est trop exigüe pour que j'adopte un autre éléphant.

Les adjectifs en an font leur féminin en ane.

Exemple :

Le groupe folklorique occitan nous a bassiné toute la soirée avec de la poésie occitane.

Les adjectifs terminés par f ont un féminin en ve.

Exemple :

Un hareng veuf, une truite veuve.

Les adjectifs terminés en c ont un féminin :

Soit en che :

Exemple :

Sec, sèche. Franc, franche.

Soit en que :

Exemple :

**Caduc, caduque. Grec, grecque.
Public, publique.**

<small>IRRÉGULARITÉS</small> :

Quelques adjectifs ont un féminin irrégulier :

Bénin	Bénigne	Pêcheur	Pêcheresse
Coi	Coite	Vieux	Vieille
Hébreu	Hébraïque	Long	Longue
Favori	Favorite, etc.		

La plupart du temps, le pluriel des adjectifs qualificatifs se forme en ajoutant un s au singulier.

Exemple :

La grosse majorette.

Les grosses majorettes.

Les adjectifs terminés par al forment le pluriel en aux.

Exemple : Papal. Papaux.

Si la calotte et la tiare sont des chapeaux papaux, le képi n'est pas un chapeau papal.

EXCEPTIONS :

Banal, bancal, fatal, final, glacial, natal, naval qui prennent un s au pluriel.

Les adjectifs terminés par s ou x restent identiques au masculin pluriel.

Exemple :

Les faux billets donnent des fausses joies mais des vraies condamnations.

Les adjectifs terminés par eau forment leur pluriel en ajoutant un x.

Exemple :

«Je suis dans de beaux draps», dit-il sur son lit de mort.

L'ACCORD DE L'ADJECTIF QUALIFICATIF

Qu'il soit épithète, attribut ou en apposition, l'adjectif qualificatif s'accorde en genre et en nombre avec le nom auquel il se rapporte.

Dans le cas où l'adjectif qualificatif se rapporte à plusieurs noms, il s'accorde en genre et en nombre avec les noms.

Exemple :

Des limandes et des soles sournoises.

Si plusieurs noms sont de genres différents au pluriel, le masculin l'emporte sur le féminin.

Exemple :

Des turbots et des soles sournois.

PARTICULARITÉS :

Dans certains cas, l'adjectif qualificatif peut s'accorder de deux façons différentes.

S'il se rapporte à un nom suivi de son complément, l'adjectif s'accorde soit avec le nom soit avec le complément, pourvu que le sens de la phrase soit respecté.

Exemple :

Un marchand de chameaux belge.

Un marchand de chameaux belges.

Dans le premier cas, belge se rapporte à marchand, c'est le marchand qui est belge.

Dans le second cas, belges se rapporte à chameaux, ce sont les chameaux qui sont belges.

Mais on dit :
Un marchand de chameaux malhonnête.

Malhonnête ne se rapporte par le sens qu'à marchand parce que seul un homme peut être malhonnête, jamais le chameau.

L'ADJECTIF ET LES COULEURS :

Lorsqu'il désigne une couleur, l'adjectif simple s'accorde normalement.

Exemple :

Dans la chapelle ardente où reposaient les corps des dix enfants, une des mamans fut très contrariée de constater que le linceul de son fils était moins blanc que les autres.

Et l'on écrirait :

Dans la chapelle ardente où reposaient les corps des dix enfants, une des mamans fut très contrariée de constater que les pieds de son fils étaient moins blancs que les autres.

L'adjectif composé désignant une couleur reste invariable.

Exemple :

Des linceuls rose bonbon.

Dans le cas où les expressions une sorte de, une espèce de sont suivies d'un complément, l'adjectif s'accorde avec ce complément.

Exemples :

Une sorte de roi entra, furieux, avec sa couronne de travers.

Je vis une espèce d'académicien endormi dans la poubelle.

mais

Je vis une sorte de baronne endormie dans le caniveau.

On distingue le degré positif, le comparatif et le superlatif.

LE POSITIF :

Lorsque l'adjectif qualificatif exprime une qualité d'un être ou d'une chose, sans notion de degré, il est au positif.

Exemple :

Cette baleine est fraîche, son regard est vif et elle ne baisse pas les yeux quand on la regarde.

La qualité de la baleine est d'être fraîche, la qualité du regard est d'être vif.

LE COMPARATIF :

Le comparatif s'emploie pour exprimer une qualité située à un degré inférieur, égal ou supérieur.

Comparatif d'infériorité (adverbe moins + adjectif) :

Exemple :

La reine mère est moins grosse qu'un éléphant.

Comparatif d'égalité (adverbe aussi + adjectif) :

Exemple :

La reine mère est aussi grosse qu'une vache.

Comparatif de supériorité (adverbe plus + adjectif) :

Exemple :

La reine mère est plus grosse qu'une mouche.

LE SUPERLATIF :

Superlatif relatif :

Le superlatif s'emploie pour exprimer une qualité située à un degré plus ou moins élevé. On l'appelle superlatif relatif.

Le superlatif relatif de supériorité se forme avec l'adverbe le plus, le mieux.

Exemple :

Les gens désespérés sont les gens les plus beaux.

Le superlatif relatif d'infériorité se forme avec l'adverbe le moins.

Exemple :

La méduse est le poisson le moins musclé.

Le superlatif absolu s'emploie pour exprimer une qualité à un degré très élevé dans l'absolu.

Il se forme avec les adverbes bien, fort, tellement, très, trop, etc.

Exemples :

«A vos souhaits!» dit, très urbain, le bourreau au condamné à mort qui venait d'éternuer.

Irrégularités :

Adjectif positif	Comparatif	Superlatif relatif
bon	meilleur	le meilleur
mauvais	plus mauvais	le plus mauvais
	pire	le pire
petit	plus petit	le plus petit
	moindre	le moindre

LES ADJECTIFS DÉTERMINATIFS

On appelle adjectifs déterminatifs les adjectifs possessifs, démonstratifs, interrogatifs, indéfinis et numéraux.

LES ADJECTIFS POSSESSIFS

L'adjectif possessif indique l'appartenance d'une personne ou d'une chose à quelqu'un ou quelque chose.

Il s'accorde en genre et en nombre avec le nom de l'objet possédé mais sa forme varie en fonction de la personne du possesseur.

Exemple :

Ce n'est pas avec vos larmes que vous allez irriguer le Sahel.

FORMES DE L'ADJECTIF POSSESSIF

Personne et genre	Un possesseur		Plusieurs possesseurs	
	Singulier	Pluriel	Singulier	Pluriel
1re personne masculin				
	Mon poil	Mes poils	Notre poil	Nos poils
1re personne féminin				
	Ma couenne	Mes couennes	Notre couenne	Nos couennes
2e personne masculin				
	Ton poil	Tes poils	Votre poil	Vos poils
2e personne féminin				
	Ta couenne	Tes couennes	Votre couenne	Vos couennes
3e personne masculin				
	Son poil	Ses poils	Leur poil	Leurs poils
3e personne féminin				
	Sa couenne	Ses couennes	Leur couenne	Leurs couennes

Exemple :

Bernard a mis le feu à sa grand-mère, en enfonçant un tison dans son chignon.

REMARQUE :

Devant les noms féminins qui commencent par une voyelle ou un h muet, on emploie les adjectifs mon, ton, son et non pas ma, ta, sa.

Exemple :

Mon hirondelle n'est pas dans son assiette.

Et non pas : ma hirondelle, sa assiette.

LES ADJECTIFS DÉMONSTRATIFS

L'adjectif démonstratif montre un être ou une chose. Il précède le nom qu'il désigne et s'accorde en genre et en nombre avec lui.

FORMES DE L'ADJECTIF DÉMONSTRATIF :

Formes simples :	Singulier	Pluriel
Masculin	ce, cet	ces
Féminin	cette	ces

Exemple :

Cette autruche qui pond debout est une mère indigne.

REMARQUE :

Devant les noms masculins qui commencent par une voyelle ou un h muet, on emploie la forme cet et non pas ce.

Exemple :

Cet arbre qui a écrasé le bûcheron a invoqué la légitime défense.

Formes composées :

Les formes composées de l'adjectif démonstratif sont faites avec les adverbes de lieu ci et là placés après le nom. On les relie au nom par un trait d'union.

Ci marque la proximité.

Exemple :

Ce malheur-ci.

Là marque l'éloignement.

Exemple :

Ce bonheur-là.

Employés ensemble, ils permettent de distinguer deux choses :

Exemple :

Ce lion-ci est sourd, ce tigre-là aussi. Ce n'est pas grave, le dompteur est muet.

L'ADJECTIF INTERROGATIF

L'adjectif interrogatif quel s'utilise dans les phrases interrogatives.

Il s'accorde en genre et en nombre avec le nom auquel il se rapporte.

	Singulier	Pluriel
Masculin	quel ?	quels ?
Féminin	quelle ?	quelles ?

Exemple :

Quel saumon a attrapé une sinusite en traversant l'océan Arctique ?

REMARQUE :

L'adjectif interrogatif peut aussi exprimer l'admiration, la surprise, le mépris, la révolte. On l'appelle alors adjectif exclamatif.

Exemple :

Quelle couenne !

L'adjectif interrogatif ou exclamatif peut être utilisé comme épithète ou attribut.

ÉPITHÈTE :

Exemple :

Quelle heure est-il ?

ATTRIBUT :

Exemple :

Quel est le sexe de l'endive ?

L'ADJECTIF INDÉFINI

Comme son nom l'indique, l'adjectif indéfini sert à déterminer sans précision le nom qu'il accompagne.

Les adjectifs indéfinis peuvent se classer en trois groupes selon qu'ils expriment une idée de qualité, de quantité ou de différence.

Exemple :

Désormais, grâce à Inter-Raclée, vous pouvez à distance, dans toute la France, faire casser la gueule à n'importe quelle personne sans vous déplacer (devis pour meurtre).

N'importe quelle, adjectif indéfini, indique une idée de qualité.

Exemple :

Toutes les huîtres portugaises s'appellent Maria.

Toutes, adjectif indéfini, exprime une idée de quantité.

FORME DES ADJECTIFS INDÉFINIS

Sens	Adjectif Indéfini
Qualité	Certain, n'importe lequel, quel, quelconque, quelque
Quantité	Aucun, chaque, différents, divers, maint, nul, plusieurs, quelques, tout
Différence ou Ressemblance	Autre, même, tel

Accord de l'adjectif indéfini

L'adjectif indéfini s'accorde en genre et en nombre avec le nom auquel il se rapporte.

Exemple :

«Quelle connerie, la paix ! » a déclaré le général au chômage.

Certains adjectifs indéfinis ont parfois un rôle d'adjectif, parfois un rôle de pronom. De même, quelques adjectifs indéfinis peuvent devenir des adjectifs qualificatifs.

En revanche, chaque ne s'emploie jamais que comme adjectif.

Exemple :

On ne dit pas :

J'ai acheté ces femmes 1 000 francs chaque.

On dit :

J'ai acheté ces femmes 1 000 francs chacune.

Même change de sens selon la place qu'il occupe par rapport au nom.

Exemples :

C'est le même rendez-vous qui est inscrit sur toutes les pages de l'agenda de l'amnésique.

Même, signifie identique.

Ce matin même, l'unijambiste a mis une chaussette fantaisie.

Même, signifie précisément.

Les adjectifs indéfinis même, quelque, tout peuvent parfois être utilisés comme adverbe.

Exemples :

Même au-delà de cent ans, l'hippopotame reste taquin.

Dans ce cas, ils sont invariables.

Le cygne, repu, a roté quelque cinq fois.

LES ADJECTIFS NUMÉRAUX

Les adjectifs numéraux se divisent en deux catégories :

Les adjectifs numéraux cardinaux, qui indiquent le nombre exact des êtres ou des choses qu'ils désignent :

Exemple :

Pour la rentrée des classes, la mère de l'aigle à deux têtes a dû acheter deux bérets.

Et les adjectifs numéraux ordinaux qui indiquent le rang, le numéro d'ordre où se placent les êtres ou les choses qu'ils désignent.

Exemple :

Après son cinquième litre de vin, mon père, régulièrement, nous récitait «La mort du loup» d'Alfred de Vigny.

Les adjectifs numéraux cardinaux

Les adjectifs numéraux cardinaux sont :

Des mots simples : un, deux, trois, quatre, cinq, six, sept, huit, neuf, dix, etc.

Exemple :

La grève des horlogers aura duré huit jours, onze heures, trente minutes, vingt secondes et cinq tierces.

Des mots composés :

Par addition : dix-neuf, trente-cinq, cinquante-deux, cent-quarante-sept, etc.

Par multiplication : quatre-vingt, trois cents, six mille, huit milliards, etc.

Les noms de nombre composés inférieurs à cent sont reliés entre eux par un trait d'union lorsqu'ils ne sont pas liés par la conjonction et .

Exemple :

Le dimanche quand il s'ennuyait, il comptait jusqu'à six mille vingt-cinq ou six mille soixante-dix, suivant l'humeur.

Accord des adjectifs numéraux cardinaux

Les adjectifs numéraux cardinaux sont presque tous invariables.

Exemple :

Quand il l'a rencontrée, elle avait dix-huit printemps et lui cinquante-deux automnes.

Remarque :

Un devient une au féminin. Vingt et cent changent en nombre.

Exemple :

Le feu de camp offert par les scouts aux habitants de la commune a détruit trois cents hectares de forêts.

Toutefois, vingt et cent ne prennent pas de s lorsqu'ils sont suivis d'un autre adjectif numéral.

Exemple :

Deux cent sept éléphants ont visité Venise dans quatre-vingt-trois gondoles.

(Ce qui fait un peu moins de trois éléphants par gondole).

EMPLOIS DE L'ADJECTIF NUMÉRAL CARDINAL

L'adjectif numéral cardinal peut aussi prendre le sens d'un adjectif numéral ordinal. Dans ce cas, il est toujours invariable.

Il indique le numéro d'une rue, d'une place, d'une page.

Exemple :

A la page trente-quatre de son guide du savoir-vivre, la grosse baronne nous apprend à péter avec élégance.

Il indique le rang d'un souverain, d'un pape.

Exemple :

Louis quatorze. Rambo III. Jean-Paul deux.

Généralement, on écrit ces nombres en chiffres romains.

Exemple :

Louis XIV, Rambo III, Jean-Paul II.

Il indique les dates du calendrier.

Exemple :

Le douze septembre mille sept cent cinq à vingt heures, il bâilla.

L'adjectif numéral cardinal peut aussi indiquer un nombre approximatif.

Dans ce cas, il s'accorde lorsqu'il y a lieu.

Exemple :

«Je ne vais pas encore attendre cent sept ans», dit le centenaire fatigué.

LES ADJECTIFS NUMÉRAUX ORDINAUX

Les adjectifs numéraux ordinaux sont en général formés avec le suffixe ième.

Le suffixe ième est ajouté à l'adjectif cardinal correspondant.

(Cinq : cinquième, cent : centième).

Dans ce cas, le suffixe ième ne se forme qu'à la fin des adjectifs correspondants.

Exemple :

La charcutière adore la peinture du dix-neuvième siècle, avec une faiblesse pour le peintre Eugène Boudin.

Particularités :

Un devient unième et premier, deux devient deuxième et second.

Exemple :

Le parachutiste qui avait oublié son parachute a gagné, il est arrivé le premier sur le sol.

Accord des adjectifs numéraux ordinaux.

Les adjectifs numéraux ordinaux s'accordent avec le nom auquel ils se rapportent.

Exemples :

Les premières femmes de Barbe-Bleue n'auront plus jamais mal aux dents.

Premières s'accorde avec les femmes de Barbe-Bleue, nom féminin pluriel.

Dans un concert, c'est toujours la dernière note la plus applaudie et ce n'est pas toujours la meilleure.

Dernière s'accorde avec note, nom féminin singulier.

Le verbe - I -

J'ai pété.

93

Le verbe est un mot variable qui exprime soit une action, soit un état vécu par le sujet.

Le verbe peut prendre des formes très différentes. Il est soumis à la conjugaison qui modifie sa terminaison.

La terminaison indique le mode, le temps et la personne. Elle est donc variable en général.

Exemple :

Je pèt-e, vous pèt-erez, qu'ils pét-assent.

Le radical est en général invariable. Il s'obtient en enlevant la terminaison de l'infinitif.

Exemple :

Pét-er, vom-ir,...

Dans je pét-ais, que vous eussiez pét-é, pét-ons ! pét est le radical du verbe péter.

LE MODE

L'action exprimée par le verbe peut être présentée comme :

Un fait réel :

Exemple :

Tu pètes est un fait réel.

Le verbe est au mode indicatif.

Un fait possible :

Exemple :

Pèterais-tu ?

Le verbe est au mode conditionnel.

Un ordre :

Exemple :

Pète !

Le verbe est au mode impératif.

Un souhait :

Exemple :

Nous serions heureux que tu pètes.

Le verbe est au mode subjonctif.

On distingue :

Les modes personnels (indicatif, conditionnel, impératif et subjonctif) qui varient avec les personnes.

Les modes impersonnels (infinitif et participe) qui ne varient pas avec les personnes.

LE TEMPS

Le temps indique si l'action est présente, passée ou future.

Exemples :

Je pète aujourd'hui (présent).

J'ai pété hier (passé).

Je pèterai demain (futur).

Les temps simples sont formés d'un seul mot :

Exemple :

Je pétais.

Les temps composés sont formés d'un auxiliaire (avoir ou être) et d'un participe passé.

Exemple :

J'ai pété.

LA PERSONNE

La forme du verbe varie avec la personne ou les personnes du sujet.

	SINGULIER	PLURIEL
1re personne	Je pète	Nous pétons
2e personne	Tu pètes	Vous pétez
3e personne	Il pète	Ils pètent

L'impératif ne se conjugue qu'à la 2ᵉ personne du singulier et du pluriel, et à la 1ʳᵉ personne du pluriel.

Exemple :

Pète ! Pétons ! Pétez !

VERBES IMPERSONNELS

Les verbes impersonnels ne se conjuguent qu'à la 3ᵉ personne du singulier.

Exemple :

Il pleut, il neige, il tonne, il grêle...

«Quel temps de chien !» dit le chat.

LOCUTION VERBALE

Une locution verbale est un groupe de mots composé :

Soit d'un verbe et d'un nom :

Avoir l'air, avoir envie, avoir peur, faire croire, tourner court...

Exemple :

Il fait croire qu'il pète.

Soit d'un verbe et d'un adjectif :
Avoir beau, avoir chaud, avoir froid, tourner court...

Exemple :

Il a beau essayer de péter, il n'y a rien à faire.

LES VOIX DU VERBE

On distingue la voix active, la voix passive et la voix pronominale.

Exemple :

Le gai facteur distribue les faire-part de décès.

Le sujet - le facteur - fait l'action : le verbe est à la voix active.

Exemple :

Les faire-part de décès sont distribués par le gai facteur.

Le sujet - les faire-part de décès - subit l'action : le verbe est à la voix passive.

Exemple :

Les faire-part de décès se distribuent le matin.

Le sujet est accompagné d'un pronom personnel de la même personne : le verbe est à la voix pronominale.

LES AUXILIAIRES

Utilisé à partir des verbes avoir ou être, l'auxiliaire est une forme verbale qui s'emploie pour exprimer certains modes ou certains temps d'un autre verbe.

Exemple :

Cruelle méprise à l'abattoir municipal, une femme vêtue d'un manteau de poulain a été abattue et débitée.

A été abattue : passé composé du verbe abattre conjugué avec l'auxiliaire être.

CONJUGAISON DU VERBE AVOIR
(DES POUX)

Présent
J'ai des poux
Tu as des poux
Il a des poux
Nous avons des poux
Vous avez des poux
Ils ont des poux

Imparfait
J'avais des poux
Tu avais des poux
Il avait des poux
Nous avions des poux
Vous aviez des poux
Ils avaient des poux

Passé simple
J'eus des poux
Tu eus des poux
Il eut des poux
Nous eûmes des poux
Vous eûtes des poux
Ils eurent des poux

Futur simple
J'aurai des poux
Tu auras des poux
Il aura des poux
Nous aurons des poux
Vous aurez des poux
Ils auront des poux

Passé composé
J'ai eu des poux
Tu as eu des poux
Il a eu des poux
Nous avons eu des poux
Vous avez eu des poux
Ils ont eu des poux

Plus-que-parfait
J'avais eu des poux
Tu avais eu des poux
Il avait eu des poux
Nous avions eu des poux
Vous aviez eu des poux
Ils avaient eu des poux

Passé antérieur
J'eus eu des poux
Tu eus eu des poux
Il eut eu des poux
Nous eûmes eu des poux
Vous eûtes eu des poux
Ils eurent eu des poux

Futur antérieur
J'aurai eu des poux
Tu auras eu des poux
Il aura eu des poux
Nous aurons eu des poux
Vous aurez eu des poux
Ils auront eu des poux

Présent

Que j'aie des poux
Que tu aies des poux
Qu'il ait des poux
Que nous ayons des poux
Que vous ayez des poux
Qu'ils aient des poux

Passé

Que j'aie eu des poux
Que tu aies eu des poux
Qu'il ait eu des poux
Que nous ayons eu des poux
Que vous ayez eu des poux
Qu'ils aient eu des poux

Imparfait

Que j'eusse des poux
Que tu eusses des poux
Qu'il eût des poux
Que nous eussions des poux
Que vous eussiez des poux
Qu'il eussent des poux

Plus-que-parfait

Que j'eusse eu des poux
Que tu eusses eu des poux
Qu'il eût eu des poux
Que nous eussions eu des poux
Que vous eussiez eu des poux
Qu'il eussent eu des poux

CONDITIONNEL

Présent

J'aurais des poux
Tu aurais des poux
Il aurait des poux
Nous aurions des poux
Vous auriez des poux
Ils auraient des poux

Passé

J'aurais eu des poux
Tu aurais eu des poux
Il aurait eu des poux
Nous aurions eu des poux
Vous auriez eu des poux
Ils auraient eu des poux

IMPÉRATIF

Présent

Aie des poux
Ayons des poux
Ayez des poux

INFINITIF

Présent

Avoir des poux

Passé

Avoir eu des poux

PARTICIPE

Présent

Ayant des poux

Passé

Ayant eu des poux

Conjugaison du verbe être
(un hareng)

Présent
Je suis un hareng
Tu es un hareng
Il est un hareng
Nous sommes des harengs
Vous êtes des harengs
Ils sont des harengs

Passé composé
J'ai été un hareng
Tu as été un hareng
Il a été un hareng
Nous avons été des harengs
Vous avez été des harengs
Ils ont été des harengs

Imparfait
J'étais un hareng
Tu étais un hareng
Il était un hareng
Nous étions des harengs
Vous étiez des harengs
Ils étaient des harengs

Plus-que-parfait
J'avais été un hareng
Tu avais été un hareng
Il avait été un hareng
Nous avions été des harengs
Vous aviez été des harengs
Ils avaient été des harengs

Passé simple
Je fus un hareng
Tu fus un hareng
Il fut un hareng
Nous fûmes des harengs
Vous fûtes des harengs
Ils furent des harengs

Passé antérieur
J'eus été un hareng
Tu eus été un hareng
Il eut été un hareng
Nous eûmes été des harengs
Vous eûtes été des harengs
Ils eurent été des harengs

Futur simple
Je serai un hareng
Tu seras un hareng
Il sera un hareng
Nous serons des harengs
Vous serez des harengs
Ils seront des harengs

Futur antérieur
J'aurai été un hareng
Tu auras été un hareng
Il aura été un hareng
Nous aurons été des harengs
Vous aurez été des harengs
Ils auront été des harengs

Présent

Que je sois un hareng
Que tu sois un hareng
Qu'il soit un hareng
Que nous soyons des harengs
Que vous soyez des harengs
Qu'ils soient des harengs

Imparfait

Que je fusses un hareng
Que tu fusses un hareng
Qu'il fût un hareng
Que nous fussions des harengs
Que vous fussiez des harengs
Qu'ils fussent des harengs

Passé

Que j'aie été un hareng
Que tu aies été un hareng
Qu'il aie été un hareng
Que nous ayons été des harengs
Que vous ayez été des harengs
Qu'ils aient été des harengs

Plus-que-parfait

Que j'eusse été un hareng
Que tu eusses été un hareng
Qu'il eût été un hareng
Que nous eussions été des harengs
Que vous eussiez été des harengs
Qu'ils eussent été des harengs

Conditionnel

Présent

Je serais un hareng
Tu serais un hareng
Il serait un hareng
Nous serions des harengs
Vous seriez des harengs
Ils seraient des harengs

Passé

J'aurais été un hareng
Tu aurais été un hareng
Il aurait été un hareng
Nous aurions été des harengs
Vous auriez été des harengs
Ils auraient été des harengs

Impératif

Présent

Soit un hareng
Soyons des harengs
Soyez des harengs

Infinitif

Présent
Être un hareng

Passé
Avoir été un hareng

Participe

Présent
Étant un hareng

Passé
Ayant été un hareng

Verbes transitif et intransitif

Un verbe est transitif lorsqu'il nécessite un complément d'objet.

Exemple :

Les mercières déclarent la guerre des boutons.

Le verbe déclarer nécessite un complément d'objet, il est transitif.

Les verbes transitifs se conjuguent avec l'auxiliaire avoir.

Exemple :

Le chasseur est un ami de la nature : lorsqu'il a tué un oiseau qui n'a pas la taille requise, il le rejette à l'eau.

Le chasseur a tué quoi ?
Un oiseau est complètement d'objet de a tué.
Tuer est un verbe transitif, il se conjugue avec l'auxiliaire avoir.

Exemple :

Le greffé du cœur a donné au chat son vieux cœur à manger.

Le vieux cœur est complément d'objet du verbe donner, verbe transitif qui se conjugue avec avoir.

Un verbe est intransitif lorsque l'action ne s'exerce pas sur un complément d'objet mais reste liée au sujet.

Exemple :

Passé la puberté, l'hippopotame somnole.

Le verbe somnole est lié au sujet l'hippopotame.

Les verbes intransitifs se conjuguent avec l'auxiliaire avoir ou avec l'auxiliaire être.

Exemple :

Passé la puberté, l'hippopotame somnole.

LES GROUPES DE VERBES

On distingue trois groupes de verbes.

1er groupe :

Infinitif en ER. Les verbes saluer, honorer, décorer, prier, congratuler… se conjuguent sur le modèle de péter.

2e groupe :

Infinitif en IR, (participe présent en issant). Les verbes bénir, compatir, ensevelir... se conjuguent sur le modèle de vomir.

Exemple :

Vomir, vomissant, vomissait

3e groupe :

Infinitif en IR (participe présent en ant) du type mourir.

Infinitif en OIR, du type choir.

Infinitif en RE, du type pondre.

Ces verbes du 3e groupe s'appellent des verbes ir-réguliers.

Conjugaison du verbe du 1ER groupe péter

Indicatif

Présent
Je pète
Tu pètes
Il pète
Nous pétons
Vous pétez
Ils pètent

Passé composé
J'ai pété
Tu as pété
Il a pété
Nous avons pété
Vous avez pété
Ils ont pété

Imparfait
Je pétais
Tu pétais
Il pétait
Nous pétions
Vous pétiez
Ils pétaient

Passé simple
Je pétai
Tu pétas
Il péta
Nous pétâmes
Vous pétâtes
Ils pétèrent

Futur
Je pèterai
Tu pèteras
Il pètera
Nous péterons
Vous péterez
Ils pèteront

Futur antérieur
J'aurai pété
Tu auras pété
Il aura pété
Nous aurons pété
Vous aurez pété
Ils auront pété

Plus-que-parfait
J'avais pété
Tu avais pété
Il avait pété
Nous avions pété
Vous aviez pété
Ils avaient pété

Passé antérieur
J'eus pété
Tu eus pété
Il eut pété
Nous eûmes pété
Vous eûtes pété
Ils eurent pété

Présent
Que je pète
Que tu pètes
Qu'il péte
Que nous pètions
Que vous pétiez
Qu'ils pètent

Imparfait
Que je pétasse
Que tu pétasses
Qu'il pétât
Que nous pétassions
Que vous pétassiez
Qu'ils pétassent

Passé
Que j'aie pété
Que tu aies pété
Qu'il ait pété
Que nous ayons pété
Que vous ayez pété
Qu'ils aient pété

Plus-que-parfait
Que j'eusse pété
Que tu eusses pété
Qu'il eût pété
Que nous eussions pété
Que vous eussiez pété
Qu'ils eussent pété

Présent
Je pèterais
Tu pèterais
Il pèterait
Nous pèterions
Vous pèteriez
Ils pèteraient

Passé
J'aurais pété
Tu aurais pété
Il aurait pété
Nous aurions pété
Vous auriez pété
Ils auraient pété

Présent
Pète
Pétons
Pétez

Passé
Aie pété
Ayons pété
Ayez pété

Présent
Péter

Passé
Avoir pété

Présent
Pétant

Passé
Ayant pété

Particularités des verbes du 1er groupe

Verbes en CER, GER :

Les verbes en CER prennent une cédille devant a et o.

Exemple :

Le dimanche, maman épuçait papa.

Les verbes en GER prennent un e après le g devant a et o.

Exemple :

Piger, pigeant, pigeons.

Verbes en ELER et ETER :

Les verbes en ELER doublent le l devant un e muet.

Exemple :

Pour sortir, il muselle sa langoustine.

SAUF : Céler, ciseler, démanteler, écarteler, geler, marteler, modeler, peler qui prennent un accent grave.
Les verbes en ETER doublent le t devant un e muet.

Exemple :

Le bigorneau feuillette un roman policier.

SAUF : Acheter, corseter, crocheter, fureter, haleter qui prennent un accent grave.

Verbes en YER, AYER :

Les verbes en OYER, UYER changent le y en i devant un e muet.

Exemple : Nettoyer, essuyer.

Bonne ménagère, la femme du criminel essuie et nettoie le sang avant l'arrivée de la police.

Les verbes en AYER peuvent soit changer le y en i soit garder le y, devant un e muet.

Les verbes du type semer, espérer, péter changent le e muet ou le é en è (accent grave) lorsque la syllabe suivante contient un e muet.

Exemple :

Je pète à tout vent, il pète à tout vent, je pèterai à tout vent, mais **ils pétèrent à tout vent.**

CONJUGAISON DU VERBE DU 2E GROUPE VOMIR

Présent
Je vomis
Tu vomis
Il vomit
Nous vomissons
Vous vomissez
Ils vomissent

Futur
Je vomirai
Tu vomiras
Il vomira
Nous vomirons
Vous vomirez
Ils vomiront

Passé composé
J'ai vomi
Tu as vomi
Il a vomi
Nous avons vomi
Vous avez vomi
Ils ont vomi

Futur antérieur
J'aurai vomi
Tu auras vomi
Il aura vomi
Nous aurons vomi
Vous aurez vomi
Ils auront vomi

Imparfait
Je vomissais
Tu vomissais
Il vomissait
Nous vomissions
Vous vomissiez
Ils vomissaient

Plus-que-parfait
J'avais vomi
Tu avais vomi
Il avait vomi
Nous avions vomi
Vous aviez vomi
Ils avaient vomi

Passé simple
Je vomis
Tu vomis
Il vomit
Nous vomîmes
Vous vomîtes
Ils vomirent

Passé antérieur
J'eus vomi
Tu eus vomi
Il eut vomi
Nous eûmes vomi
Vous eûtes vomi
Ils eurent vomi

Présent

Que je vomisse
Que tu vomisses
Qu'il vomisse
Que nous vomissions
Que vous vomissiez
Qu'ils vomissent

Imparfait

Que je vomisse
Que tu vomisses
Qu'il vomît
Que nous vomissions
Que vous vomissiez
Qu'ils vomissent

Passé

Que j'aie vomi
Que tu aies vomi
Qu'il ait vomi
Que nous ayons vomi
Que vous ayez vomi
Qu'ils aient vomi

Plus-que-Parfait

Que j'eusse vomi
Que tu eusses vomi
Qu'il eût vomi
Que nous eussions vomi
Que vous eussiez vomi
Qu'ils eussent vomi

CONDITIONNEL

Présent

Je vomirais
Tu vomirais
Il vomirait
Nous vomirions
Vous vomiriez
Ils vomiraient

Passé

J'aurais vomi
Tu aurais vomi
Il aurait vomi
Nous aurions vomi
Vous auriez vomi
Ils auraient vomi

PARTICIPE

Présent

Vomissant

Passé

Ayant vomi

IMPÉRATIF

Présent

Vomis
Vomissons
Vomissez

Passé

Aie vomi
Ayons vomi
Ayez vomi

INFINITIF

Présent

Vomir

Passé

Avoir vomi

Particularités des verbes du 2ᴇ groupe

Le verbe haïr perd son tréma aux trois personnes du singulier de l'indicatif présent, et à la 2ᵉ personne du singulier de l'impératif.

Exemple :

Infinitif :

Haïr sa famille.

Indicatif présent :

Je hais ma mère.

Tu hais ton père.

Il hait sa sœur.

Nous haïssons notre grand-mère.

Vous haïssez votre tante.

Ils haïssent leur fils.

Impératif :

Hais tes proches.

Haïssons nos aïeux.

Haïssez vos semblables.

Le verbe fleurir, lorsqu'il est employé au sens figuré, forme l'imparfait et le participe présent avec le radical FLOR.

Exemple :

La botaniste contemple ses plantes fleurissantes avec une mine florissante.

Le verbe bénir fait béni au participe passé :

Exemple :

Avant leur hold-up, les gangsters ont demandé à être bénis par l'évêque.

Mais on dit :

Le cul-bénit se lave à l'eau bénite.

LES VERBES DU 3ᴱ GROUPE

Les verbes du 3ᵉ groupe comportent de nombreuses irrégularités.

Des changements de radical dans la conjugaison.

Exemple :

Je meurs, nous mourons.

L'indicatif présent et l'impératif ont des terminaisons diverses :

Exemples :

Je rends, il rend.
Impératif : **rends.**

Je sais, il sait.
Impératif : **sache.**

Le subjonctif imparfait est toujours formé avec le passé simple :

Exemple :

Je pondis, que je pondisse.

Lorsque l'impératif se termine par un e muet, on ajoute un s devant en et y.

Exemple :

Va à la maison.

Vas-y.

CONJUGAISON DU VERBE
DU 3ᴱ GROUPE MOURIR

Présent
Je meurs
Tu meurs
Il meurt
Nous mourons
Vous mourez
Ils meurent

Passé composé
Je suis mort
Tu es mort
Il est mort
Nous sommes morts
Vous êtes morts
Ils sont morts

Imparfait
Je mourais
Tu mourais
Il mourait
Nous mourions
Vous mourez
Ils mouraient

Plus-que-parfait
J'étais mort
Tu étais mort
Il était mort
Nous étions morts
Vous étiez morts
Ils étaient morts

Passé simple
Je mourus
Tu mourus
Il mourut
Nous mourûmes
Vous mourûtes
Ils moururent

Passé antérieur
Je fus mort
Tu fus mort
Il fut mort
Nous fûmes morts
Vous fûtes morts
Ils furent morts

Futur simple
Je mourrai
Tu mourras
Il mourra
Nous mourrons
Vous mourrez
Ils mourront

Futur antérieur
Je serai mort
Tu seras mort
Il sera mort
Nous serons morts
Vous serez morts
Ils seront morts

Présent

Que je meure
Que tu meures
Qu'il meurt
Que nous mourions
Que vous mouriez
Qu'ils meurent

Passé

Que je sois mort
Que tu sois mort
Qu'il soit mort
Que nous soyons morts
Que vous soyez morts
Qu'ils soient morts

Imparfait

Que je mourusse
Que tu mourusses
Qu'il mourût
Que nous mourussions
Que vous mourussiez
Qu'ils mourussent

Plus-que-parfait

Que je fusse mort
Que tu fusses mort
Qu'il fût mort
Que nous fussions morts
Que vous fussiez morts
Qu'ils fussent morts

CONDITIONNEL

Présent

Je mourrais
Tu mourrais
Il mourrait
Nous mourrions
Vous mourrez
Ils mourraient

Passé

Je serais mort
Tu serais mort
Il serait mort
Nous serions morts
Vous seriez morts
Ils seraient morts

PARTICIPE

Présent

Mourant

Passé

Étant mort
Mort, morte

IMPÉRATIF

Présent

Meurs
Mourons
Mourez

Passé

Sois mort
Soyons morts
Soyez morts

INFINITIF

Présent

Mourir

Passé

Être mort

117

Conjugaison du verbe du 3ᴱ groupe choir

Présent
Je chois
Tu chois
Il choit
Nous choyons
Vous choyez
Ils choient

Imparfait
N'existe pas

Passé simple
Je chus
Tu chus
Il chut
Nous chûmes
Vous chûtes
Ils churent

Passé composé
N'existe pas

Plus-que-parfait
N'existe pas

Futur
Je choirai
Tu choiras
Il choira
Nous choirons
Vous choirez
Ils choiront

Passé antérieur
N'existe pas

Futur 2ᵉ Forme
Je cherrai
Tu cherras
Il cherra
Nous cherrons
Vous cherrez
Ils cherront

Futur antérieur
N'existe pas

Présent
N'existe pas

Imparfait
Qu'il chût

Passé
N'existe pas

Plus-que-parfait
N'existe pas

Présent
Je choirais
Tu choirais
Il choirait
Nous choirions
Vous choiriez
Ils choiraient

Présent 2ᵉ Forme
Je cherrais
Tu cherras
Il cherrait
Nous cherrions
Vous cherriez
Ils cherraient

Passé
N'existe pas

Présent
Choyant

Passé
Chu, chue

Présent
Chois
Choyons
Choyez

Passé

N'existe pas

Présent
Choir

Passé
N'existe pas

Le verbe choir présente des difficultés de conjugaison et de nombreuses formes inusitées. Aussi nous conseillons aux élèves l'utilisation du verbe **«SE CASSER LA GUEULE»** qui a un sens équivalent.

CONJUGAISON DU VERBE
DU 3ᴱ GROUPE PONDRE

Présent
Je ponds
Tu ponds
Il pond
Nous pondons
Vous pondez
Ils pondent

Passé composé
J'ai pondu
Tu as pondu
Il a pondu
Nous avons pondu
Vous avez pondu
Ils ont pondu

Imparfait
Je pondais
Tu pondais
Il pondait
Nous pondions
Vous pondiez
Ils pondaient

Plus-que-parfait
J'avais pondu
Tu avais pondu
Il avait pondu
Nous avions pondu
Vous aviez pondu
Ils avaient pondu

Passé simple
Je pondis
Tu pondis
Il pondit
Nous pondîmes
Vous pondîtes
Ils pondirent

Passé antérieur
J'eus pondu
Tu eus pondu
Il eut pondu
Nous eûmes pondu
Vous eûtes pondu
Ils eurent pondu

Futur
Je pondrai
Tu pondras
Il pondra
Nous pondrons
Vous pondrez
Ils pondront

Futur antérieur
J'aurai pondu
Tu auras pondu
Il aura pondu
Nous aurons pondu
Vous aurez pondu
Ils auront pondu

Présent
Que je ponde
Que tu pondes
Qu'il ponde
Que nous pondions
Que vous pondiez
Qu'ils pondent

Imparfait
Que je pondisse
Que tu pondisses
Qu'il pondît
Que nous pondissions
Que vous pondissiez
Qu'ils pondissent

Passé
Que j'aie pondu
Que tu aies pondu
Qu'il ait pondu
Que nous ayons pondu
Que vous ayez pondu
Qu'ils aient pondu

Plus-que-parfait
Que j'eusse pondu
Que tu eusses pondu
Qu'il eût pondu
Que nous eussions pondu
Que vous eussiez pondu
Qu'ils eussent pondu

CONDITIONNEL

Présent
Je pondrais
Tu pondrais
Il pondrait
Nous pondrions
Vous pondriez
Ils pondraient

Passé
J'aurais pondu
Tu aurais pondu
Il aurait pondu
Nous aurions pondu
Vous auriez pondu
Ils auraient pondu

PARTICIPE

Présent
Pondant

Passé
Ayant pondu

IMPÉRATIF

Présent
Ponds
Pondons
Pondez

Passé
Aie pondu
Ayons pondu
Ayez pondu

INFINITIF

Présent
Pondre

Passé
Avoir pondu

Le verbe pondre peut s'utiliser au figuré, il signifie alors écrire, produire une œuvre...

Exemple :

«Que nous as-tu pondu de drôle ? » demanda Racine à Corneille qui venait d'écrire Polyeucte.

CONJUGAISON À LA VOIX PASSIVE DU VERBE POURRIR

Présent
Je suis pourri
Tu es pourri
Il est pourri
Nous sommes pourris
Vous êtes pourris
Ils sont pourris

Passé composé
J'ai été pourri
Tu as été pourri
Il a été pourri
Nous avons été pourris
Vous avez été pourris
Ils ont été pourris

Imparfait
J'étais pourri
Tu étais pourri
Il était pourri
Nous étions pourris
Vous étiez pourris
Ils étaient pourris

Plus-que-parfait
J'avais été pourri
Tu avais été pourri
Il avait été pourri
Nous avions été pourris
Vous aviez été pourris
Ils avaient été pourris

Futur simple
Je serai pourri
Tu seras pourri
Il sera pourri
Nous serons pourris
Vous serez pourris
Ils seront pourris

Futur antérieur
J'aurai été pourri
Tu auras été pourri
Il aura été pourri
Nous aurons été pourris
Vous aurez été pourris
Ils auront été pourris

Présent

Que je sois pourri
Que tu sois pourri
Qu'il soit pourri
Que nous soyons pourris
Que vous soyez pourris
Qu'ils soient pourris

Passé

Que j'aie été pourri
Que tu aies été pourri
Qu'il ait été pourri
Que nous ayons été pourris
Que vous ayez été pourris
Qu'ils aient été pourris

Imparfait

Que je fusse pourri
Que tu fusses pourri
Qu'il fût pourri
Que nous fussions pourris
Que vous fussiez pourris
Qu'ils fussent pourris

Plus-que-parfait

Que j'eusse été pourri
Que tu eusses été pourri
Qu'il eût été pourri
Que nous eussions été pourris
Que vous eussiez été pourris
Qu'ils eussent été pourris

CONDITIONNEL

Présent

Je serais pourri
Tu serais pourri
Il serait pourri
Nous serions pourris
Vous seriez pourris
Ils seraient pourris

Passé

J'aurais été pourri
Tu aurais été pourri
Il aurait été pourri
Nous aurions été pourris
Vous auriez été pourris
Ils auraient été pourris

IMPÉRATIF

Présent

Sois pourri
Soyons pourris
Soyez pourris

PARTICIPE

Présent
Étant pourri

Passé
Ayant été pourri
Pourri

INFINITIF

Présent
Être pourri

Passé
Avoir été pourri

Conjugaison
d'un verbe pronominal
se gratter

Présent
Je me gratte
Tu te grattes
Il se gratte
Nous nous grattons
Vous vous grattez
Ils se grattent

Passé composé
Je me suis gratté
Tu t'es gratté
Il s'est gratté
Nous nous sommes grattés
Vous vous êtes grattés
Ils se sont grattés

Imparfait
Je me grattais
Tu te grattais
Il se grattait
Nous nous grattions
Vous vous grattiez
Ils se grattaient

Plus-que-parfait
Je m'étais gratté
Tu t'étais gratté
Il s'était gratté
Nous nous étions grattés
Vous vous étiez grattés
Ils s'étaient grattés

Futur
Je me gratterai
Tu te gratteras
Il se grattera
Nous nous gratterons
Vous vous gratterez
Ils se gratteront

Futur antérieur
Je me serai gratté
Tu te seras gratté
Il se sera gratté
Nous nous serons grattés
Vous vous serez grattés
Ils se seront grattés

Présent

Je me gratterais
Tu te gratterais
Il se gratterait
Nous nous gratterions
Vous vous gratteriez
Ils se gratteraient

Passé

Je me serais gratté
Tu te serais gratté
Il se serait gratté
Nous nous serions grattés
Vous vous seriez grattés
Ils se seraient grattés

SUBJONCTIF

Présent

Que je me gratte
Que tu te grattes
Qu'il se gratte
Que nous nous grattions
Que vous vous grattiez
Qu'ils se grattent

Passé

Que je me sois gratté
Que tu te sois gratté
Qu'il se soit gratté
Que nous nous soyons grattés
Que vous vous soyez grattés
Qu'ils se soient grattés

Imparfait

Que je me grattasse
Que tu te grattasses
Qu'il se grattât
Que nous nous grattassions
Que vous vous grattassiez
Qu'ils se grattassent

Plus-que-parfait

Que je me fusse gratté
Que tu te fusses gratté
Qu'il se fût gratté
Que nous nous fussions grattés
Que vous vous fussiez grattés
Qu'ils se fussent grattés

IMPÉRATIF

Présent

Gratte-toi
Grattons-nous
Grattez-vous

PARTICIPE

Présent

Se grattant

Passé

S'étant gratté

INFINITIF

Présent

Se gratter

Passé

S'être gratté

126

Le verbe se gratter peut s'utiliser au figuré.

Exemple :

Tu peux toujours te gratter, Paul-Loup, tu n'entreras jamais à l'Académie française.

Quoique tu fasses, Paul-Loup, tu n'entreras jamais à l'Académie française.

Le verbe - II -

Pardonnez-moi, je suis pressé, je dois assassiner ma mère.

LES MODES ET LES TEMPS

L'INDICATIF

Le mode indicatif exprime une action ou un état réel.

LE PRÉSENT

Exemple :

Pendant l'office, l'évêque dissimule sous sa mitre le casque de son walkman.

L'indicatif présent du verbe dissimuler indique bien qu'il s'agit d'une action réelle.

Le présent est utilisé pour exprimer :

Une idée générale, une vérité durable.

Exemple :

L'eau ne bout pas à 90°; l'angle droit non plus.

Une action répétée, habituelle :

Exemple :

Pour son petit déjeuner, le vampire trempe sa tartine dans un bol de sang.

Un passé récent ou un futur imminent :

Exemple :

A la fin de l'été, le marchand de chameaux solde ses dromadaires.

L'IMPARFAIT

L'imparfait exprime une action passée qui a duré un certain temps.

Exemple :

Par une étrange coïncidence, le préfet de police qui inventa les boîtes à ordures s'appelait Poubelle.

On l'utilise pour indiquer :

Une action passée soumise à la répétition.

Exemple :

Après chaque opération, le chirurgien mettait lui-même de côté les abats de l'opéré.

Une action qui s'accomplit dans le passé.

Exemple :

Mardi dernier, les défenseurs des animaux synthétiques manifestaient contre les propriétaires de manteaux en fourrure synthétique.

Un fait habituel au cours d'une description.

Exemple :

Ses merveilleux cheveux blonds lui tombaient en cascades dorées jusqu'au ras du cul.

LE PASSÉ SIMPLE

Le passé simple exprime une action qui s'est produite à un moment déterminé du passé et qui est achevée au moment où l'on parle.

Exemple :

Même le suicide de sa mère ne parvint pas à le dérider.

Le passé simple s'emploie surtout dans la langue écrite, pour les narrations.

LE PASSÉ COMPOSÉ

Le passé composé exprime une action passée qui s'est achevée à un moment indéterminé.

Il remplace le passé simple dans la langue parlée.

Exemple :

Lors des inondations, les oiseaux se sont retrouvés le bec dans l'eau.

Le passé antérieur exprime un fait passé qui s'est produit juste avant un autre fait passé.

Exemple :

Après que le président de la République eut reçu les ovations du peuple africain, il reçut sur la tête une noix de coco.

Pour le président de la République, l'action de recevoir les ovations s'est produite juste avant l'action de recevoir une noix de coco sur la tête.

Le passé antérieur est lié au passé simple.

LE PLUS-QUE-PARFAIT

Le plus-que-parfait exprime une action qui s'est produite avant une autre action passée, sans précision de temps entre les deux actions.

Exemple :

Pendant sa vie, il avait beaucoup ciré les pompes : il en gardait les mains sales.

Un certain temps (indéterminé) avant d'avoir les mains sales, il avait beaucoup ciré les pompes.

Le plus-que-parfait est lié à l'imparfait.

Exemple :

L'excursion annuelle des détenus de la maison d'arrêt de Lille aura lieu cette année à Berck Plage.

Le futur exprime une action, un fait à venir.

Exemple :

Cette année, le Tour de France partira de Rio de Janeiro.

Le futur s'emploie aussi pour indiquer :

Un ordre, un souhait (cf. impératif)

Exemple :

Vous prendrez un bol de sang tous les matins. (Prenez un bol de sang).

Une action présente (futur de politesse)

Exemple :

«Majesté, je vous demanderai de laisser cet endroit aussi propre que vous l'avez trouvé en arrivant», dit-il au roi en lui montrant son trône.

Je vous demande serait plus brutal et ne conviendrait pas pour parler à un roi.

Une idée générale

Exemple :

Les grèves de mouton seront toujours très suivies.

Le futur antérieur

Le futur antérieur annonce qu'une action future se produira avant une autre action future. Il est le plus souvent lié au futur.

Le futur antérieur exprime aussi :

Une probabilité

Exemple :

C'est en se baissant pour ramasser une pièce de cinq centimes que le milliardaire aura attrapé un tour de reins.

L'indignation

Exemple :

«Décidément, on aura tout vu !» s'exclamèrent les aveugles en colère.

L'IMPÉRATIF

L'impératif exprime un ordre portant sur le présent ou l'avenir.

Exemple :

Profitez de l'été pour divorcer.

On distingue :

L'impératif présent

Exemple :

Conservez vos meilleurs souvenirs dans l'alcool.

L'impératif passé qui exprime un ordre qui devra être accompli à un moment déterminé du futur.

Exemple :

«Ayons mangé le petit chaperon rouge avant que le loup n'arrive», se dit la grand-mère.

LE SUBJONCTIF

Le subjonctif exprime les faits souhaités, redoutés, voulus, etc.

Dans les propositions indépendantes ou principales, le subjonctif peut exprimer :

Un souhait

Exemple :

Qu'il crève !

Une supposition

Exemple :

«Qu'il ose encore me traiter de bas morceau et je saurai le faire taire», déclara le petit homme.

Un ordre ou une défense

Exemple :

Haut les mains ! Que personne ne bouge !

Dans les propositions subordonnées, le subjonctif s'emploie pour exprimer :

Un fait redouté

Exemple :

Mon arrière-grand-père est mort, mon grand-père est mort, mon père est mort, j'ai peur que ne ce soit héréditaire.

Un but

Exemple :

Afin que le chômage ne puisse l'atteindre, le chercheur cherche l'impossible.

Une condition

Exemple :

Rendez-moi mon dentier, à moins que vous ne préfériez y être contraint par la police.

LES TEMPS DU SUBJONCTIF

Le subjonctif comporte quatre temps :

Le présent et l'imparfait (temps simples) ;
Le passé et le plus-que-parfait (temps composés).

Le temps du verbe de la proposition principale conditionne le temps de celui de la proposition subordonnée.

PRINCIPALE	SUBORDONNÉE
Présent	Subjonctif présent
ou futur	(action présente ou future)

Exemple :

Je crains que l'autruche qui vient d'avaler une horloge comtoise n'ait des difficultés pour s'asseoir.

PRINCIPALE	SUBORDONNÉE
Présent	Subjonctif passé
ou futur	(action passée)

Exemple :

Je redoute que le régicide n'ait mis une fève empoisonnée dans la galette des rois.

PRINCIPALE	SUBORDONNÉE
Passé	Subjonctif imparfait
ou conditionnel	(action simultanée)

Exemple :

Le gangster n'a accepté de libérer les otages qu'à la condition qu'on lui remît auparavant la Légion d'honneur.

PRINCIPALE	SUBORDONNÉE
Passé ou	Subjonctif plus-que-parfait
conditionnel	(action antérieure)

Exemple :

Le champion du monde d'orthographe regrettait qu'à la suite d'un contrôle antidopage on eût voulu le disqualifier.

LE CONDITIONNEL

Le conditionnel exprime une action ou un fait soumis à certaines conditions.

Le conditionnel s'emploie pour exprimer :

Un souhait

Exemple :

Je souhaiterais être enterré avec mon walkman.

Une éventualité

Exemple :

Un bœuf qui monterait sur une vache serait très déçu.

Un fait relevant de l'imagination

Exemple :

Un cheval bien élevé devrait enlever ses sabots avant d'entrer dans un salon.

Une certaine forme de politesse

Exemple :

Je voudrais 30 kg de steak haché.

(Forme atténuée de : je veux 30 kg...)

L'indignation

Exemple :

«Et je devrais en plus porter les valises !»
s'exclama la mère porteuse.

LES TEMPS DU CONDITIONNEL

On distingue :

Le conditionnel présent qui exprime une action
réalisable dans l'avenir.

Le conditionnel passé qui exprime une action qui
ne s'est pas accomplie.

Exemple :

Si je ne m'étais pas retenu, j'aurais flanqué
une fessée au centenaire effronté.
(Mais je me suis retenu).

Le conditionnel utilisé comme futur.

Si le verbe de la proposition principale est au passé,
on remplace dans la subordonnée le futur simple
par le conditionnel présent et le futur antérieur par
le conditionnel passé.

Le conditionnel devient alors un temps de l'indicatif.

Exemple :

Le marchand d'éléphants déclare qu'il n'assurera pas la livraison dans les étages.

Imaginons que le marchand d'éléphants ait fait sa déclaration hier.

Le marchand d'éléphants a déclaré qu'il n'assurerait pas la livraison dans les étages.

L'INFINITIF

L'infinitif est la forme nominale du verbe, sans indication de personne ni de nombre.

Exemple :

Un État des USA a remplacé la chaise électrique par un lit électrique, pour permettre au condamné de mourir dans son lit.

L'infinitif employé comme verbe.

Employé comme verbe, l'infinitif exprime

Un ordre ou une défense :

Exemple :

A vendre : cercueil, état neuf, jamais servi.

Une exclamation

Exemple :

«Moi, douter ? Jamais !» dit l'imbécile.

Une question

Exemple :

Où aller ? Nulle part.
Que faire ? Rien.
Qui croire ? Personne.

Une action dans une narration

Précédé de de

Exemple :

«Il faut se brosser les dents après chaque repas», a dit l'institutrice, et les enfants du Sahel de rire.

L'infinitif employé comme nom.

Employé comme nom, l'infinitif en a toutes les fonctions.

Sujet ou attribut

Exemple :

«Souffler n'est pas jouer», soupira le souffleur de verre.

Jouer est attribut de souffler.

Complément d'objet

Exemple :

Pardonnez-moi, je suis pressé, je dois assassiner ma mère.

Assassiner est complément d'objet direct du verbe je vais.

Complément de nom

Exemple :

La peur de mourir idiot.

Complément de l'adjectif

Exemple :

Il était bête à mourir.

LES TEMPS DE L'INFINITIF

L'infinitif présent exprime une action qui se produit en même temps que celle du verbe dont elle dépend (ou qui doit se produire à l'avenir).

Exemple :

C'est l'étang aux reflets mordorés que la blonde jeune fille a choisi pour pisser.

L'action de pisser s'est produite en même temps ou juste après le choix de l'étang aux reflets mordorés.

L'infinitif passé exprime une action qui se produit avant celle du verbe principal.

Exemple :

Il jure avoir vu le président de la SPA écraser un moustique.

Le président de la SPA a écrasé un moustique avant que le témoin ne jure.

LE PARTICIPE

Le participe est une forme verbale qui peut jouer le rôle d'un verbe (1) ou celui d'un adjectif (2).

Exemples :

1 - Passant par la campagne, le météorologue s'est fait surprendre par la pluie.

2 - C'est une rue très passante.

On distingue :
Le participe présent
Le participe passé

LE PARTICIPE PRÉSENT

Employé comme verbe, le participe présent exprime une action qui s'accomplit en même temps que celle du verbe principal. Il est invariable.

Exemple :

Voyant qu'il continuait à pleuvoir dimanche matin, Maurice se fâcha tout rouge contre Dieu.

Employé comme adjectif, le participe devient adjectif verbal et s'accorde avec le nom auquel il se rapporte.

Exemple :

Vous avez des grands-parents très obéissants. Ils arrivent quand vous sifflez.

Le participe employé comme verbe et précédé de la préposition en s'appelle le gérondif. Il est invariable et exprime une circonstance du verbe principal.

Exemple :

Le toréador doit laisser l'arène aussi propre qu'il l'a trouvée en arrivant.

Le participe passé

Employé comme verbe, le participe passé exprime une action passée ou un état présent.

Exemple :

Le sauvetage du petit Éric, tombé dans un puits, a dû être interrompu. Les sauveteurs voulaient suivre la retransmission de la coupe du monde de football.

Employé comme adjectif, il s'accorde avec le nom auquel il se rapporte.

Exemple :

Arrivées trop tard, les fées se sont penchées sur son tombeau.

Qui est arrivé trop tard ? Les fées, nom féminin pluriel. Le participe passé arrivées s'accorde avec les fées.

Lié aux auxiliaires avoir ou être, le participe passé permet de former tous les temps composés du verbe (cf. accord du participe passé).

Exemple :

La girafe a vomi sur le crâne du ministre africain.

La girafe aurait vomi sur le crâne du ministre africain.

Le verbe - III -

Pour se baigner, le tigre a mis un slip en peau de panthère.

Accords du verbe

Le verbe s'accorde en nombre et en genre avec le sujet auquel il se rapporte.

Exemple :

Au commencement du monde, la mer était remplie de filets de poisson, c'est Dieu qui a inventé les arêtes.

Particularités :
Si le sujet est un adverbe ou une locution de quantité (beaucoup, nombre de, la plupart, trop de, etc.), le verbe se met toujours au pluriel.

Exemple :

A l'enterrement de Brigitte Bardot, beaucoup de vieux phoques vont pleurer.

Si le sujet est composé de l'article un (un des, un quart, un tiers, etc.) ou s'il désigne un groupe suivi d'un complément au pluriel, l'accord varie suivant le sens.

Exemple :

Une foule de poux habite sa casquette (ou **une foule de poux habitent sa casquette**).

Si le sujet est le pronom relatif qui, le verbe s'accorde avec l'antécédent.

Exemple :

Ce sont eux qui ont mis le feu aux orteils de leur grand-père.

C'est suivi d'un nom pluriel ou d'un pronom à la 3e personne du pluriel se met au pluriel.

Plusieurs sujets

Si le verbe a plusieurs sujets, il se met au pluriel.

Exemple :

La queue et les oreilles du toréador ont été remises solennellement au taureau.

Sujets de personnes différentes

Si les sujets sont à la 1re et 2e personne, le verbe se met à la 1re personne du pluriel.

Si les sujets sont à la 1re et 3e personne, le verbe se met à la 1re personne du pluriel.

Exemple :

Toi et moi devrions adopter un saumon.

Si les sujets sont à la 2ᵉ et 3ᵉ personne, le verbe se met à la 2ᵉ personne du pluriel.

Exemple :

Ton crapaud et toi vous vous ressemblez beaucoup.

CAS PARTICULIERS

Si le sujet est l'un et l'autre, le verbe se met soit au singulier soit au pluriel.

Exemples :

L'un et l'autre est tombé sur le cul.

L'un et l'autre sont tombés sur le cul.

De même si les sujets au singulier sont liés par les conjonctions ni, comme, ou, ainsi que, avec, etc.

Exemple :

Mon père, ainsi que ma mère, était mauvais conducteur de la chaleur.

ou

Mon père ainsi que ma mère étaient mauvais conducteurs de la chaleur.

Accord du participe passé

Employé sans verbe auxiliaire, le participe passé s'accorde en genre et en nombre avec le nom auquel il se rapporte.

Exemple :

Ce sont les pompiers qui ont dû aller récupérer le polytechnicien perché en haut d'un pommier.

Perché s'accorde avec polytechnicien.

Ce sont les pompiers qui ont dû aller récupérer les polytechniciens perchés en haut d'un pommier.

Perchés se met au masculin pluriel, parce qu'il y a plusieurs polytechniciens en haut du pommier.

Avec l'auxiliaire être

Employé avec l'auxiliaire être, le participe passé s'accorde avec le sujet du verbe.

Exemple :

Ce vin a été vieilli en foudre de chêne et a été soigné amoureusement par des vignerons qui sont élevés en liberté et sont nourris exclusivement au maïs.

Soigné et vieilli sont au singulier parce qu'ils s'accordent avec ce vin. Élevés et nourris sont au pluriel parce qu'ils s'accordent avec les vignerons.

AVEC L'AUXILIAIRE AVOIR

Employé avec l'auxiliaire avoir, le participe passé reste invariable s'il n'y a pas de complément d'objet direct ou si celui-ci est placé après l'auxiliaire avoir.

Exemple :

Pour se baigner, le tigre a mis un slip en peau de panthère.

Mais il s'accorde en genre et en nombre avec le complément d'objet direct, lorsque ce complément précède l'auxiliaire avoir.

Exemple :

Le chauffeur routier a souri au bambin après l'avoir écrasé avec son camion.

Écrasé s'accorde avec le bambin.

Le chauffeur routier a souri aux bambins après les avoir écrasés avec son camion.

Écrasés est au pluriel puisqu'il y a eu plusieurs bambins d'écrasés et que le complément bambins est placé avant l'auxiliaire avoir.

Conjugué avec avoir et suivi d'un infinitif, le participe passé reste invariable.

Exemple :

Nous avons entendu roter la mésange dans l'azur.

Si le sujet de l'infinitif est placé avant le participe passé, celui-ci s'accorde avec celui-là.

Exemple :

La mésange que j'ai entendue roter dans l'azur.

Mésange est sujet de l'infinitif roter et précède le participe passé entendue.

J'ai entendu qui ? La mésange, représentée par que. Elle rotait dans l'azur.

Conjugué avec avoir et précédé du pronom en comme complément d'objet direct, le participe passé reste invariable.

Exemple :

Il a décidé de vendre son âme, mais personne n'en a voulu.

Conjugué avec avoir, si le complément d'objet direct est le pronom le ou l', représentant une proposition et qu'il précède le participe passé, celui-ci reste invariable.

Exemple :

La boulangère a des miches plus dures qu'on ne l'aurait cru.

Certains verbes peuvent être employés au sens propre ou au sens figuré : courir, coûter, peser, valoir, etc.
Employés au sens propre, les participes passés de ces verbes restent invariables.

Exemple :

Je ne regrette pas les 100 000 frs que ma Légion d'honneur m'a coûté.

Ma Légion d'honneur m'a coûté combien ? 100 000 frs (sens propre).
Employés au sens figuré, les participes passés s'accordent avec le complément d'objet qui les précède.

Exemple :

Je ne regrette pas les flagorneries que ma Légion d'honneur m'a coûtées.

Ma Légion d'honneur m'a coûté quoi ? Des flagorneries (sens figuré).

Les pronoms

Ne pas caresser le crocodile aujourd'hui, il est puni.

Le pronom sert à représenter un mot déjà employé.

Il sert aussi à désigner une personne ou une chose.

On distingue :

Les pronoms personnels
Les pronoms possessifs, démonstratifs, relatifs, interrogatifs et indéfinis.

LES PRONOMS PERSONNELS

Le pronom personnel permet de désigner la ou les personnes qui parlent (1re personne), à qui l'on parle (2e personne) ou dont on parle (3e personne).

La 3e personne peut représenter un mot déjà exprimé.

Exemple :

Ne pas caresser le crocodile aujourd'hui, il est puni.

Il représente le crocodile, mot déjà exprimé.

FORME DES PRONOMS PERSONNELS

	Singulier		Pluriel	
	Sujet	Complément	Sujet	Complément
1re personne	je, moi	me, moi	nous	nous
2e personne	tu, toi	te, toi	vous	vous
3e personne	il, lui	le, lui	ils	les, leur
	elle	la, elle	elles	elles, les, leur
			eux	eux

Devant une voyelle ou un h muet, certains pronoms personnels peuvent perdre leur voyelle finale.

Je : j'   J'agonise
me : m'   La mort m'appelle
te : t'   Tu t'évanouis
se : s'   Elle s'étouffe
le, la : l' Les démons l'habitent

EMPLOI DES PRONOMS PERSONNELS

Les pronoms personnels ont des fonctions semblables à celles des noms (sujet, attribut, complément).

Exemple :

«Vous pouvez le caresser, je vous assure qu'il n'est pas méchant», dit-elle en nous présentant son vieux père.

Vous   est sujet de pouvez.
Le   est complément d'objet de caresser.
Je   est sujet de assure.
Vous   est complément d'objet indirect de assure.
Il   est sujet de est.
Elle   est sujet de dit.
Nous   est complément d'objet indirect
        de présentant.

LE PRONOM PERSONNEL RÉFLÉCHI

Lorsque le pronom personnel complément renvoie au sujet qui fait l'action, on l'appelle pronom personnel réfléchi.

Il ne change qu'à la 3e personne (se, soi).

Exemple :

Les amis des mouches se sont réunis en congrès pour préparer la journée nationale de la mouche.

LES PRONOMS ADVERBIAUX

Il existe deux pronoms adverbiaux : en et y, tous deux invariables.

En correspond à : de lui, d'elle, d'eux, de cela.

Exemple :

- Monsieur Roberval est mort.

- Je m'en balance.

De quoi me balancé-je ?
De cela : monsieur Roberval est mort.

Y correspond à : à lui, à elle, à eux, à cela.

Les pronoms adverbiaux en et y s'emploient en général pour désigner une idée ou une chose, plus rarement pour évoquer des personnes.

En et y peuvent avoir le rôle d'un adverbe de lieu.

Exemple :

**J'en viens…
et
j'y retourne.**

LES PRONOMS POSSESSIFS

Le pronom possessif est une des formes de l'adjectif possessif précédée de l'article défini.

Il s'accorde avec le nom qu'il représente.

Exemple :

Ma voiture est plus pratique que la tienne. En abaissant le siège arrière, je peux y loger un cercueil.

FORME DES PRONOMS POSSESSIFS

Personne et genre	Un possesseur		Plusieurs possesseurs	
	Une chose	Plusieurs choses	Une chose	Plusieurs choses
1re pers. masc.	Le mien	Les miens	Le nôtre	Les nôtres
1re pers. fém.	La mienne	Les miennes	La nôtre	Les nôtres
2e pers. masc.	Le tien	Les tiens	Le vôtre	Les vôtres
2e pers. fém.	La tienne	Les tiennes	La vôtre	Les vôtres
3e pers. masc.	Le sien	Les siens	Le leur	Les leurs
3e pers. fém.	La sienne	Les siennes	La leur	Les leurs

Les pronoms démonstratifs

Les pronoms démonstratifs désignent avec précision un être ou une chose dont on parle.

Exemple :

Si le pet de l'hirondelle est bref et strident, celui du bœuf est grave et sourd.

Celui est un pronom démonstratif désignant avec précision le pet du bœuf.

Exemple :

Il lui mit une raclée qui l'envoya au tapis. Cela n'empêchait pas les sentiments.

Cela est un pronom démonstratif neutre désignant avec précision le fait de mettre une raclée.

Les pronoms démonstratifs existent sous une forme simple (celui, celle, ce) et sous une forme renforcée (forme simple avec -ci ou -là).

Exemple :

Il ne savait pas quelle jambe on allait lui couper. Celle-ci ou celle-là ? Le chirurgien voulait lui faire la surprise.

FORME DES PRONOMS DÉMONSTRATIFS

	SINGULIER			PLURIEL	
	Masculin	Féminin	Neutre	Masculin	Féminin
Forme simple	celui	celle	ce	ceux	celles
Forme renforcée	celui-ci	celle-ci	ceci	ceux-ci	celles-ci
	celui-là	celle-là	cela	ceux-là	celles-là

Devant une voyelle, ce devient c'.

Exemple :

C'est sa fâcheuse habitude de vouloir gratter le crâne des crocodiles qui a coûté le bras au gardien du zoo.

Ça est une abréviation de cela. On l'utilise dans le langage familier.

Exemple :

«Ça suffit, vos conneries !» dit le secrétaire perpétuel de l'Académie aux académiciens.

EMPLOIS PARTICULIERS

Le pronom démonstratif sous sa forme simple est presque toujours accompagné d'un complément ou d'une proposition relative.

Exemple :

Regardez cette fausse perle : c'est celle de l'huître qui a fait une fausse couche.

Sous sa forme renforcée, le pronom démonstratif peut être utilisé seul. De même pour la forme neutre.

La locution c'est suivie du pronom relatif ou de la conjonction que a donné les gallicismes c'est... qui, c'est... que, qui mettent en relief un mot ou un groupe de mots.

Exemple :

C'est l'augmentation du prix du fuel qui fit hésiter Bernard à incinérer son éléphant.

Les pronoms relatifs

Dans une phrase qui comporte plusieurs propositions, le pronom relatif représente un nom ou un pronom - appelé antécédent - exprimé dans la première proposition.

Il introduit une proposition relative qui complète ou développe cet antécédent.

Exemple :

Les sidérurgistes qui sont en grève ont un moral d'acier.

Qui sont en grève : qui remplace l'antécédent sidérurgistes.

On distingue les pronoms relatifs simples et les pronoms relatifs composés.

Pronoms relatifs simples : qui, que, quoi, dont, où.

L'antécédent du pronom relatif est en général un nom ou un pronom.

Exemple :

La grève des académiciens se prolongeant, ce sont les appelés du contingent qui ont été réquisitionnés pour les remplacer sous la Coupole.

Qui a pour antécédent les appelés du contingent et est sujet du verbe ont été réquisitionnés.

REMARQUE :

Il existe un pronom relatif indéfini : quiconque.

Pronoms relatifs composés :

MASCULIN SINGULIER
lequel
duquel
auquel

MASCULIN PLURIEL :
lesquels
desquels
auxquels

FÉMININ SINGULIER :
laquelle
de laquelle
à laquelle

FÉMININ PLURIEL :
lesquelles
desquelles
auxquelles

Le pronom relatif s'accorde en genre, en nombre et en personne avec son antécédent. Il a toutes les fonctions d'un nom dans la proposition relative qu'il introduit.

Exemple :

Grand amateur de mouton, il adhérait à la guilde internationale du gigot, grâce à laquelle il recevait un gigot par mois et un disque cadeau.

L'antécédent guilde internationale du gigot (féminin singulier) commande la forme du relatif à laquelle (féminin singulier).

LES PRONOMS INTERROGATIFS

Les pronoms interrogatifs permettent de désigner l'être ou la chose sur lesquels on s'interroge.

Exemple :

«Qui est le père ?» demanda-t-il gravement à l'hirondelle qui couvait.

Le pronom interrogatif est direct lorsque la proposition qu'il introduit est indépendante ou principale.

Exemple :

A quoi rêve le pou ?

Quoi : pronom interrogatif direct.

Le pronom interrogatif est indirect lorsqu'il introduit une proposition subordonnée.

Exemple :

Je me demande à quoi pense un culturiste.

FORMES DES PRONOMS INTERROGATIFS

Le pronom interrogatif comporte des formes simples, des formes composées et des formes d'insistance qui s'accordent en nombre et en genre.

Formes simples
Masculin : qui ?
Féminin : qui ?
Neutre : quoi, que ?

Formes composées
Masculin - singulier : lequel, duquel, auquel
Masculin - pluriel : lesquels, desquels, auxquels
Féminin - singulier : laquelle, de laquelle, à laquelle
Féminin - pluriel : lesquelles, desquelles, auxquelles

Formes d'insistance
Personnes : Qui est-ce qui ? Qui est-ce que ? Lequel est-ce qui ?
Choses : Qu'est-ce qui ? Qu'est-ce que ? A quoi est-ce que ? Par quoi est-ce que ? De quoi, etc.

Exemple :

Qui est-ce qui a renversé son verre de chianti sur sa robe blanche ? C'est le pape.

La forme renforcée du pronom interrogatif est passée dans le langage comme la forme courante de l'interrogation directe.

LES PRONOMS INDÉFINIS

Les pronoms indéfinis désignent une personne, une chose, une idée de manière vague et indéterminée.

Exemple :

Autrui, qu'est-ce que c'est ? «Rien», répondit l'égoïste.

Autrui et rien : pronoms indéfinis neutres

FORMES DES PRONOMS INDÉFINIS

Masculin :
Aucun, l'autre, un autre, certain (s), chacun, le même, nul, l'un, pas un, quelqu'un, quelques-uns, tel, tout.

Féminin :
Aucune, l'autre, une autre, certaine (s), chacune, la même, nulle, l'une, pas une, quelqu'une, quelques-unes, telle, toute.

Neutre :
Autrui, je ne sais qui (quoi), n'importe qui (quoi), on, personne, plusieurs, quelque chose, quiconque, rien.

Les pronoms indéfinis peuvent avoir toutes les fonctions du nom.

Exemple :

Malgré les costumes de ses collègues, nul ne riait à l'enterrement de l'académicien.

Nul pronom indéfini masculin, sujet de riait.

Un barbecue géant a réuni, l'autre jour, les membres de la Fédération française de crémation.

L'autre : pronom ou adjectif indéfini, est complément circonstanciel de temps du verbe a réuni.

Servez à chacune un bol de soupe de pie.

Chacune, pronom indéfini féminin singulier, complément d'attribution de servez.

LE PRONOM INDÉFINI «ON»

Le pronom indéfini on est invariable. Il désigne tantôt l'homme en général (1) tantôt une ou plusieurs personnes indéterminées (2).

On l'emploie toujours comme sujet.

Exemple :

1 - «On n'est jamais si bien servi que par soi-même», dit le roi en reprenant du ragoût.

2 - On prétend que le président de la République française s'est fait tatouer la carte de France sur la poitrine.

Employé familièrement, le pronom on remplace les pronoms personnels je, tu, il, elle, nous, vous, ils, elles.

Exemple :

Arrêtez de nous faire rigoler, on doit aller reconnaître le corps.

L'adverbe

L'affection de l'hippopotame est parfois pesante.

L'adverbe est un mot invariable qui s'ajoute à un adjectif, un verbe ou un autre adverbe. Il complète ou modifie le sens du mot qu'il accompagne.

Exemple :

Les aveugles profitent de leur infirmité pour jouer fréquemment à colin-maillard.

Fréquemment accompagne le verbe jouer dont il complète le sens.

Exemple :

«Le pet du carnivore est infiniment plus corsé que le pet de l'herbivore», affirma le parfumeur.

Infiniment est lié à l'adjectif corsé, dont il complète le sens.

On distingue :

Les adverbes de manière, de quantité, de lieu, de temps.
Les adverbes d'opinion, d'affirmation, de négation, d'interrogation.

LES ADVERBES DE MANIÈRE

Les adverbes de manière sont en général employés à la place des compléments circonstanciels de manière.

Exemple :

Le capitaine des pompiers a refusé catégoriquement de faire incinérer sa femme.

COMPARATIF ET SUPERLATIF

Comme les adjectifs, les adverbes de manière ont des comparatifs et des superlatifs.

Exemple :

La reine mère a avalé la tête et les arêtes du poisson plus goulûment qu'un chat de gouttière.

Goulûment :
Aussi (plus, moins) goulûment ; le plus (le moins) goulûment ; très goulûment.

Les adverbes de manière bien et mal ont un superlatif irrégulier.

Bien : mieux, le mieux.

Mal : pis, plus mal.

REMARQUE :

On ne dit pas : il est au pis ;

on dit : il est au plus mal.

Les adverbes en ment

La plupart des adverbes de manière en ment se forme à partir du féminin de l'adjectif auquel on ajoute le suffixe ment:
Cruel, cruelle : cruellement

Exemple :

Les Pharmaciens sans frontière ont tiré le signal d'alarme. Ils pensent que d'ici deux ans, l'Afrique noire va manquer cruellement de coton-tige.

Les adverbes formés à partir des adjectifs terminés par une voyelle perdent le e du féminin :
Vraiment, hardiment, absolument, modérément...

Exemple :

A la page 31 de son guide du savoir-vivre, la grosse baronne nous livre ses petits secrets pour puer modérément.

Les adjectifs en ant et ent ont donné des adverbes en amment et emment :
Méchant : méchamment - Insolent : insolemment
Récent : récemment, etc.

Exemple :

Récemment, un sourd s'est mis deux boules Quiès dans les yeux pour ne plus rien entendre.

Les adverbes de manière peuvent être

Des mots simples :
Bien, mal, fort, cher, juste, clair, comment, etc.

Exemple :

**Comment les otaries communiquent-elles ?
En morse.**

Des mots composés ou locutions adverbiales :
Tout à fait, de bon gré, en vain, par hasard, etc.

Exemple :

**Les chiens accompagnés d'un aveugle ont
tout à fait droit à une place assise à Pleyel.**

LES ADVERBES DE QUANTITÉ

Les adverbes de quantité ont un sens quantitatif ou
comparatif.

Exemple :

**«Nous avons trop d'amis», soupira le lapin
de garenne en voyant arriver les amis de la
nature avec leurs fusils de chasse.**

On les trouve sous forme :

De mots simples :
Assez, aussi, autant, combien, si, tant, tellement,
trop, etc.

Exemple :

«Trop, c'est trop», déclara-t-il après avoir longuement réfléchi.

De locutions adverbiales :
Beaucoup de, trop de, bien peu de, à moitié, peu à peu, à peine, etc.

Exemple :

Il nous a mimé sa greffe du foie avec beaucoup de réalisme.

LES ADVERBES DE LIEUX

Les adverbes de lieu ont le rôle d'un complément circonstanciel de lieu.

Exemple :

Prudent, le Général a fait passer les soldats devant.

On distingue

Les mots simples :
Ailleurs, dedans, dehors, derrière, devant, dessous, dessus, en, ici, là, où, partout, y, etc.

Les locutions adverbiales, souvent composées à partir des mots simples : d'ailleurs, par ailleurs, en dedans, par-derrière, au-dehors, en dessous, d'où, par-dessus, d'ici, nulle part, par là, quelque part, etc.

Exemple :

Ici on est à l'ombre, là le soleil est trop chaud. Finalement, on n'est bien nulle part.

L'adverbe ici indique le rapprochement, l'adverbe là l'éloignement. Nulle part, locution adverbiale, indique l'absence de lieu.

Voici désigne ce qui est rapproché, voilà ce qui est éloigné.

Exemple :

Voici, Maurice, pour toi, mon poing sur la gueule.
Voilà, Maurice, pour toi, un chèque d'un milliard.

Remarque :

Les adverbes en et y existent aussi sous forme de pronoms personnels.

Les adverbes de temps

Les adverbes de temps ont le rôle d'un complément circonstanciel de temps.

Exemple :

L'affection de l'hippopotame est parfois pesante.

On distingue

Les mots simples :
Alors, après, avant, demain, désormais, ensuite, hier, longtemps, souvent, toujours, etc.

Exemple :

Vous hésitez entre l'incinération et l'inhumation de votre défunt ? Pensez au fumage. Un mort fumé se conserve longtemps.

Les locutions adverbiales :
Après-demain, aujourd'hui, avant-hier, dès lors, de nouveau, en même temps, pendant ce temps, etc.

Exemple :

Après-demain, c'est la fête des mères. «Chic ! disent les orphelins, on va de nouveau faire des économies».

Certains adverbes de temps ont des comparatifs et des superlatifs.

Fréquemment : plus fréquemment, moins fréquemment, très fréquemment, le plus fréquemment.

LES ADVERBES D'OPINION

Les adverbes d'opinion modifient le verbe auquel ils se rapportent, ils ne le complètent pas.

On distingue les adverbes d'affirmation, de négation et d'interrogation.

LES ADVERBES D'AFFIRMATION

Les adverbes d'affirmation permettent d'exprimer,
d'accentuer ou d'atténuer une affirmation.

Exemple :

**N'ayant pas de service à vous demander, je
ne vous ai évidemment pas envoyé de vœux
cette année.**

On les trouve sous forme de
Mots simples :
Assurément, certes, évidemment, oui, si, vraiment,
etc.

Exemple :

**Certes, durant le bicentenaire de Mozart,
les chocolats Mozart se sont aussi bien
vendus que les quatuors à cordes.**

Locutions adverbiales :
Bien sûr, peut-être, sans doute, etc.

Exemple :

Le soldat inconnu est peut-être une femme.

Une affirmation atténuée peut aller jusqu'à exprimer le doute.

Après une question négative, on emploie l'adverbe si (et non pas oui).

Exemple :

- Ne serait-ce pas à la suite d'un coup de rasoir maladroit que le barbier a coupé le pied droit de son client ?
- Si.

LES ADVERBES DE NÉGATION

Les adverbes de négation permettent d'exprimer ou d'accentuer une négation.

Exemple :

Charles était fort déçu : contrairement à ce que tout le monde lui avait dit, son grand-père n'était pas plus grand mort que vivant.

Les deux principaux sont non et ne.

NON

Non s'emploie

Dans les réponses négatives.

Exemple :

Je sens bon ?
- Non.

Pour renforcer une négation.

Exemple :

«Non, je ne suis pas le dernier des cons», déclara-t-il en désignant la longue file qui le suivait.

Pour opposer deux éléments d'une phrase.

Exemple :

L'éléphant s'est assis sur le chasseur par distraction, non par méchanceté.

NE

Ne s'emploie avec pas pour exprimer la négation courante.

Exemple :

Malgré les affirmations répétées du médecin, les parents cambodgiens ne sont toujours pas persuadés que leur fils est mongolien.

Ne... plus

Correspond à ne... pas, désormais.

Exemple :

Depuis qu'elle est veuve, la corneille ne met plus de rouge à bec.

Ne… que

Correspond à seulement.

Exemple :

«Je ne parle que le braille», dit l'aveugle.

Autres négations composées : Ne... jamais, ne... goutte, ne... guère, ne... point, etc.

Exemple :

L'astronaute qui s'était éloigné sur la lune n'a jamais réapparu... On pense à une fugue.

Ne peut aussi s'employer seul :

Avec les mots : aucun, nul, ni, personne, rien.

Exemple :

Nul n'est censé ignorer la joie.

Ne : double négation

Deux négations cumulées donnent une affirmation atténuée.

Exemple :

Le lion incontinent ne prétend pas qu'il n'a pas besoin de couche pendant le spectacle.

La double négation peut aussi marquer la nécessité, l'obligation.

Exemple :

Tu ne peux pas ne pas rigoler (tu es obligé de rigoler).

Ou encore une affirmation renforcée.

Exemple :

Vous n'êtes pas sans savoir que les autodidactes me pompent l'air.

Les adverbes d'interrogation

Les adverbes d'interrogation permettent de poser des questions sur le lieu, le temps, la cause, la manière, etc.

Exemple :

Pourquoi celui qu'on appelle contremaître est-il toujours d'accord avec le maître ?

Lorsqu'une interrogation porte sur l'ensemble de la phrase, on peut utiliser deux adverbes.

Pour l'interrogation directe : l'adverbe est-ce que.

Exemple :

Est-ce que tous les maquereaux apprécient le vin blanc ?

Pour l'interrogation indirecte : l'adverbe si.

Exemple :

Je me demande si le roi était assez ivre pour leur laisser une paix royale.

La préposition

FORMES DE PRÉPOSITIONS - RÔLES DES PRÉPOSITIONS -
EMPLOI RÉPÉTÉ DE LA PRÉPOSITION

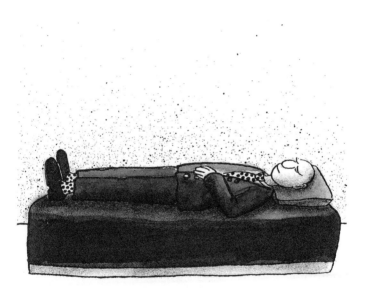

Les chaussettes du mort étaient assorties à sa cravate.

La préposition est un mot invariable qui établit un rapport entre deux mots dans une proposition.

Exemple :

Déception à la NASA : après un alunissage exemplaire, le premier astronaute qui devait marcher sur la lune a refusé de sortir de la fusée. Il boudait.

Sur relie marcher à la lune. De relie sortir à la fusée.

FORMES DES PRÉPOSITIONS

Exemple :

Les chaussettes du mort étaient assorties à sa cravate.

A relie cravate à étaient assorties.

Les prépositions sont

Des mots simples :

Avec, à, chez, contre, dans, de, derrière, dès, devant, en, entre, par, parmi, pour, sans, sous, sur, etc.

Exemple :

Dans l'urne funéraire Téfal, les cendres du défunt n'attachent pas.

Des locutions prépositives :

Afin de , à cause de, au-dessus de, auprès de, d'après, grâce à, jusqu'à, loin de, etc.

Exemple :

A cause de leur képi, les gendarmes ne voient jamais le ciel.

RÔLES DES PRÉPOSITIONS

En général, la préposition introduit un complément du nom, du pronom, de l'adjectif, un complément d'objet ou un complément circonstanciel.

Exemple :

Les gardes suisses avaient mis un sac poubelle sur la tête du pape pour protéger sa tiare de la pluie.

Tête : complément circonstanciel de lieu de avaient mis.

Protéger : complément circonstanciel de but de avaient mis.

Pluie : complément d'objet indirect de protéger.

La plupart des prépositions ont des rôles et des emplois très variés.

Certaines ont un sens précis et n'introduisent qu'une seule sorte de complément :

Pendant introduit toujours un complément circonstanciel de temps.

Exemple :

Pendant la grève de la météo, la dissipation des brouillards matinaux est interrompue.

A travers introduit toujours un complément circonstanciel de lieu.

Exemple :

Le jour de sa confirmation, l'évêque lui envoya sa main à travers la figure.

EMPLOI RÉPÉTÉ DE LA PRÉPOSITION

La répétition de la préposition avec insiste sur chaque complément qu'elle introduit.

Exemple :

Il serra le cou de la vieille dame avec tendresse et avec persévérance.

La conjonction

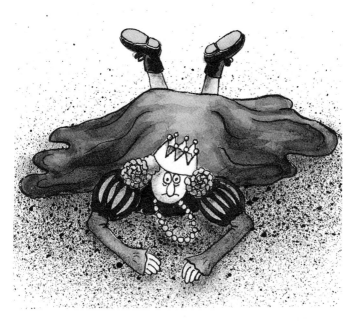

La reine mère s'est pris les pieds dans sa traîne et s'est écrasée sur le sol comme une bouse.

La conjonction est un mot invariable qui permet de relier

Deux ou plusieurs mots :

Exemple :

Au bal costumé des moutons, les brebis et les agneaux mettent des loups.

Et relie brebis à agneaux.

Deux propositions :

Exemple :

Vite, à table petits vampires, car votre sang va refroidir et coaguler.

Car relie vite à table à votre sang va refroidir. Et, relie refroidir à coaguler.

Et et car sont des conjonctions de coordination.

La conjonction permet de relier une proposition subordonnée à une proposition principale :

Exemple :

Depuis qu'elle a fait un Jésus, la Sainte Vierge s'est pris la grosse tête.

Depuis que relie la seconde proposition à la proposition principale (la Sainte Vierge s'est pris la grosse tête) dont elle dépend.

Depuis que est une locution conjonctive de subordination, la proposition qu'elle introduit s'appelle une proposition subordonnée.

LES CONJONCTIONS DE COORDINATION

Mais, ou, et, donc, or, ni, car sont les sept conjonctions de coordination.

Mais exprime l'opposition entre deux mots ou deux phrases.

Exemple :

Bernard prétendait qu'il n'était pas idiot de naissance mais que c'était venu sur le tard.

Ou exprime l'alternative.

Exemple :

«Devine qui a été tué : ton papa ou ta maman ?» ont demandé par jeu les gendarmes à l'enfant.

Et exprime la liaison, l'addition, la succession...

Exemple :

Il acheta une tête de veau à la triperie et demanda qu'on lui en fît un paquet cadeau.

(et = puis).

Donc exprime essentiellement la conséquence.

Exemple :

L'orgie s'est terminée à 21 heures, nous avons donc pu nous coucher tôt.

Or exprime l'argumentation. Il souligne l'enchaînement des idées dans un raisonnement.

Exemple :

Ils avaient une maison avec plusieurs chambres d'amis, or ils n'avaient pas d'amis.

Ni exprime la liaison par la négative.

Exemple :

Le Roi et la Reine n'ont pas réussi à avoir de dauphin ni de saumon.

Car exprime une explication, une cause.

Exemple :

L'unijambiste est contrarié car la marchande de chaussures a refusé de lui vendre une seule chaussure.

REMARQUE :
De nombreux adverbes peuvent être employés comme conjonctions de coordination.

Les conjonctions de subordination

Elles se présentent

Sous la forme de mots simples : comme, lorsque, puisque, quand, que, si, sinon, etc.

Exemple :

La reine mère s'est pris les pieds dans sa traîne et s'est écrasée sur le sol comme une bouse.

Sous la forme de locutions conjonctives : afin que, au cas où, de même que, parce que, pendant que, etc.

Exemple :

Pendant que l'aveugle accordait le piano, son chien a dévoré le pianiste.

Elles expriment
Le but : afin que, pour que.
La cause : parce que, puisque, vu que.
La condition : si, pourvu que.
Le temps : avant que, dès que, lorsque, pendant que, quand.
La comparaison : comme, de même que.
La conséquence : tellement que.

Exemple :

Depuis qu'il a attrapé sa maladie de Parkinson, Bernard refuse catégoriquement de jouer au Mikado.

REMARQUE :

Si est un mot-piège. Il peut être

Conjonction de condition :

Exemple :

La vache a décidé d'appeler son premier veau Gérald, ou Cynthia si c'est une génisse.

Adverbe d'affirmation :

Exemple :

**Tu ne me détestes quand même pas ?
- Si !**

Adverbe de quantité :

Exemple :

Il était si bête que, même vivant, il avait un électro-encéphalogramme plat.

Adverbe interrogatif :

Exemple :

Elle me confia avec inquiétude : je me demande si mon hippopotame n'est pas homosexuel.

L'interjection

NATURE ET FONCTIONS DES INTERJECTIONS

En avant la grosse majorette !

L'interjection est un mot invariable qui permet d'exprimer différents sentiments vécus dans l'instant.

Exemple :

«Beurk ! C'est vous qui avez fait ça ? » demanda le médecin à la jeune accouchée, en lui présentant son bébé.

Beurk exprime le dégoût du médecin.

NATURE ET FONCTION DES INTERJECTIONS

Les interjections peuvent être

Des mots simples :

Ah ! Aïe ! bah ! beurk ! bof ! chut ! eh ! fi ! hein ! hélas ! pst ! ouf !

Des mots simples issus de noms :

Alerte ! ciel ! courage ! diable ! silence !

Exemple :

Diable ! La rombière a roué de coups le chambellan.

Des verbes :

Allons ! soit ! tiens !

Exemple :

Tiens ! Le printemps est là : les escargots migrateurs sont arrivés en Bourgogne.

Des adverbes :

Assez ! bien ! vite !

Des adjectifs :

Bon ! parfait !

Des groupes de mots :

Locutions interjectives :

A la bonne heure ! allons donc ! eh bien ! en avant ! fi donc ! hisse et ho ! juste ciel ! mon dieu ! tout doux !

Exemple :

En avant la grosse majorette !

Remarque :

Certaines interjections reproduisent des bruits

Bang ! boum ! clic-clac ! cui-cui ! crac ! pan ! plouf ! vroum ! vroum ! prout !

La phrase

LA PROPOSITION INDÉPENDANTE - LA PROPOSITION PRINCIPALE ET LA
PROPOSITION SUBORDONNÉE - LES PROPOSITIONS INDÉPENDANTES OU
PRINCIPALES - LES PROPOSITIONS INCISES - LES PROPOSITIONS ELLIPTIQUES -
LES PROPOSITIONS NOMINALES - LES PROPOSITIONS SUBORDONNÉES

**L'éléphant a accompagné ses filles chez le
gynécologue pour une ligature des trompes.**

Une phrase se compose d'un groupe de mots appelé proposition.

Une proposition comprend un sujet, un verbe et, en général, un complément ou un attribut.

Exemple :

Le cercueil Tupperware permet de conserver son défunt plus longtemps.

La proposition indépendante

Lorsqu'une proposition se suffit à elle-même, c'est une proposition indépendante.

Exemple :

L'éléphant a accompagné ses filles chez le gynécologue pour une ligature des trompes.

Une phrase peut être composée de plusieurs propositions indépendantes.

Exemple :

Un stock d'hosties a été saisi à Roissy, elles contenaient de l'héroïne.

1re proposition indépendante : un stock d'hosties a été saisi à Roissy.

2e proposition indépendante : elles contenaient de l'héroïne.

La proposition principale et la proposition subordonnée

Une phrase peut contenir plusieurs propositions de nature différente.

Une proposition introduite par une conjonction de subordination, un pronom relatif ou un mot interrogatif est une proposition subordonnée.

Elle dépend alors de la proposition principale.

Exemple :

La vieille coquille Saint-Jacques regrette qu'on ne lui ait pas appris le piano quand elle était jeune.

La vieille coquille Saint-Jacques regrette: proposition principale.

Qu'on ne lui ait pas appris le piano : 1re proposition subordonnée.

Quand elle était jeune : 2e proposition subordonnée introduite par quand.

Les propositions indépendantes ou principales

Les propositions indépendantes ou principales peuvent être

Des propositions affirmatives ou négatives.

Des propositions interrogatives.

Des propositions exclamatives.

Les propositions affirmatives sont le plus souvent au mode indicatif.

Exemple :

La femme de l'astronaute a profité du séjour de son mari sur la lune pour retourner chez sa mère.

Une proposition affirmative se met au conditionnel lorsque l'affirmation dépend d'une condition ou lorsque la phrase évoque une affirmation atténuée.

Exemple :

Les montagnes seraient les taupinières des grandes taupes préhistoriques.

Remarque :

Les propositions négatives suivent les mêmes règles que les propositions affirmatives, mais avec un adverbe de négation.

Exemple :

Une des deux sœurs siamoises n'a pas été retenue pour le titre de Miss France.

LES PROPOSITIONS INTERROGATIVES

Les propositions indépendantes ou principales interrogatives sont généralement au mode indicatif.

Exemple :

Pourquoi l'aigle à deux têtes mange-t-il comme quatre ?

Lorsqu'elles sont à l'infinitif, c'est qu'elles marquent une alternative.

Exemple :

«Que faire ? » dit le bossu après son redressement fiscal.

Lorsque l'interrogation dépend d'une condition, on emploie le conditionnel à la place de l'indicatif.

Exemple :

- M'aimerais-tu si j'étais bête ?
- Non.

LES PROPOSITIONS EXCLAMATIVES

Les propositions exclamatives expriment des émotions diverses.

En général, elles commencent par un adjectif ou un adverbe exclamatifs.

Exemple :

«La télévision en braille, c'est pas pour demain !» gémirent les aveugles en chœur.

On distingue aussi parmi les propositions indépendantes ou principales les propositions incises, les propositions elliptiques et les propositions nominales.

LES PROPOSITIONS INCISES

La proposition incise est une proposition indépendante placée dans la phrase pour citer le plus souvent un dialogue ou les propos tenus par une tierce personne.

Exemple :

«Pour les poulets, soupira la poule, tous les fours sont crématoires».

Soupira la poule : proposition incise.

LES PROPOSITIONS ELLIPTIQUES

On appelle proposition elliptique une proposition dans laquelle le verbe ou le sujet ne sont pas exprimés.

Ellipse du sujet :

Exemple :

**Personne à prévenir en cas d'accident :
Dieu.**

Ellipse du verbe :

Exemple :

**Inquiétude en Bourgogne : pas de nou-
velles de l'équipe d'œnologues descendue
il y a deux jours dans une cave de dégus-
tation.**

Inquiétude en Bourgogne : proposition indépendante elliptique.

Le verbe n'est pas exprimé.

LES PROPOSITIONS NOMINALES

Proches des propositions elliptiques du verbe, les
propositions nominales sont un groupe de mots, une
énumération dans une proposition sans verbe.

Exemple :

**Dans les bureaux, des crétins, des imbéci-
les, des idiots et quelques fainéants.**

LES PROPOSITIONS SUBORDONNÉES

La proposition subordonnée dépend d'une autre proposition appelée principale, qu'elle complète ou modifie.

Exemple :

Au Vatican, lors des parties de saute-mouton, le pape, s'il n'en a pas le goût, a le droit de refuser de faire le mouton.

Le pape a le droit de refuser de faire le mouton : proposition principale.

S'il n'en a pas le goût : proposition subordonnée introduite par la conjonction si.

NATURE DES PROPOSITIONS SUBORDONNÉES

On distingue trois sortes de propositions subordonnées

La proposition subordonnée relative, introduite par un pronom relatif

Exemple :

«Dessine-moi un méchoui», demanda le petit prince qui mourait de faim.

Dessine-moi un méchoui : proposition principale.

Demanda le petit prince : proposition incise.

Qui, pronom relatif, introduit la subordonnée relative : qui mourait de faim.

La proposition subordonnée conjonctive introduite par une conjonction de subordination :

Exemple :

Sais-tu, petit fripon, que tu viens de tuer ta grand-mère ?

Sais-tu, petit fripon : proposition principale interrogative.

Que, conjonction de subordination, introduit la subordonnée conjonctive : que tu viens de tuer ta grand-mère.

Exemple :

Depuis qu'il a des hémorroïdes, le paon refuse de faire la roue.

Le paon refuse de faire la roue : proposition principale.

Depuis que, locution conjonctive de subordination, introduit la subordonnée conjonctive : depuis qu'il a des hémorroïdes.

La proposition subordonnée interrogative, introduite par un mot interrogatif (adjectif, pronom, adverbe).

Exemple :

Pour vérifier si elle n'avait pas grossi, l'hirondelle s'est posée sur le pèse-lettres.

L'hirondelle s'est posée sur le pèse-lettres : proposition principale.

Pour vérifier : infinitif de but.

Si, adverbe d'interrogation, introduit la subordonnée interrogative : si elle n'avait pas grossi.

LA SUBORDONNÉE RELATIVE

La proposition subordonnée relative est introduite par un pronom relatif. Le nom ou le pronom qu'elle complète s'appelle antécédent.

Exemple :

Le vétérinaire a interdit à la truite dont il a plâtré la queue de retourner à l'eau avant deux mois.

Le vétérinaire a interdit à la truite : proposition principale.

Dont il a plâtré la queue : subordonnée relative complément du nom truite, son antécédent.

De retourner à l'eau avant deux mois : infinitif complément.

FONCTION DE LA SUBORDONNÉE RELATIVE

La proposition relative est complément du nom ou du pronom qui est son antécédent.

Exemple :

L'intrépide pharmacien, qui essayait d'atteindre un médicament, est tombé de son échelle et s'est écrasé sur le sol, victime du devoir.

La subordonnée relative : qui essayait d'atteindre un médicament est complément du groupe nominal intrépide pharmacien.

Il arrive que le relatif n'ait pas d'antécédent. Dans ce cas, la proposition relative prend le rôle d'un nom et en adopte les fonctions.

Exemple :

Qui mourra, verra.

Qui est sujet de verra.

MODE DE LA SUBORDONNÉE RELATIVE

En général, le verbe de la proposition subordonnée relative est à l'indicatif.

Exemple :

Le dentiste qui a arraché une molaire au lion est dans un état grave.

On emploie le conditionnel quand la subordonnée relative exprime une éventualité.

Exemple :

C'est la mairie de Paris qui aurait commandé à Yves Saint-Laurent les nouveaux uniformes des éboueurs municipaux.

On emploie le subjonctif lorsque la subordonnée relative exprime une conséquence ou un but.

Exemple :

Le tapissier a recouvert les éléphants d'une cretonne assortie aux rideaux qui leur permette de passer inaperçus dans le boudoir.

Dans quel but le tapissier a-t-il recouvert les éléphants d'une cretonne assortie aux rideaux ?

Pour qu'ils passent inaperçus dans le boudoir.

Le subjonctif s'emploie aussi après un superlatif relatif ou après le seul, le premier, le dernier.

Exemple :

La teinturerie du Sahel est la seule qui garantisse l'authentique nettoyage à sec.

La subordonnée relative peut parfois être à l'infinitif.

Exemple :

J'ai trouvé un crocodile avec qui pleurer.

La subordonnée conjonctive

La proposition subordonnée conjonctive est introduite par une conjonction ou une locution conjonctive de subordination.

Exemple :

Depuis qu'il a perdu la combinaison de son coffre-fort, le milliardaire est obligé de mendier.

La proposition subordonnée conjonctive peut être sujet, complément d'objet ou attribut du sujet.

LA SUBORDONNÉE CONJONCTIVE SUJET

Une subordonnée conjonctive introduite par la conjonction que, et qui dépend d'un verbe impersonnel peut devenir le sujet de ce verbe.

Exemple :

Il est certain que la poignée de main du moribond manquait un peu de fermeté.

La subordonnée conjonctive est le sujet réel de est certain.

LA SUBORDONNÉE CONJONCTIVE OBJET

Une subordonnée conjonctive introduite par la conjonction que devient complément d'objet de la proposition principale. Elle est à l'indicatif.

Exemple :

Le daltonien prétend qu'il est un vrai Français.

Le daltonien prétend quoi ? Qu'il est un vrai Français.

La subordonnée conjonctive est complément d'objet après les verbes de déclaration, d'opinion.

Lorsqu'elle dépend d'un verbe qui exprime un ordre ou une crainte, la subordonnée conjonctive se met au subjonctif.

Exemple :

Je crains qu'il n'ait oublié d'être intelligent.

Lorsque l'idée exprimée dans la subordonnée est soumise à une hypothèse, le verbe se met au conditionnel.

Exemple :

Ils prétendent que la flamme olympique aurait mis le feu au stade.

La subordonnée conjonctive attribut

Une subordonnée conjonctive introduite par la conjonction que peut aussi être attribut du sujet de la proposition principale.

Exemple :

Le fait est que le menuisier avait la gueule de bois.

La subordonnée conjonctive : que le menuisier avait la gueule de bois est attribut du sujet le fait.

La subordonnée interrogative

Proposition interrogative

Une proposition indépendante ou principale peut exprimer une question : on l'appelle proposition interrogative directe.

Exemple :

«Est-ce que je laisse le foie ?» demanda le médecin légiste à la famille.

La proposition interrogative commence par un mot interrogatif ou une inversion du sujet. Elle prend un point d'interrogation à la fin.

Subordonnée interrogative indirecte

La subordonnée interrogative indirecte exprime une question posée par l'intermédiaire d'un verbe comme demander, dire, ignorer, savoir, etc.

Exemple :

J'ai demandé à la carpe combien de temps elle pensait rester enfermée dans son mutisme. Elle ne m'a pas répondu.

La proposition commence par un mot interrogatif, elle ne comporte pas d'inversion ni de point d'interrogation.

Dans le langage parlé, pour poser une question directe, on emploie souvent la locution est-ce que plutôt que l'inversion.

La subordonnée infinitive

Dans la subordonnée infinitive, le sujet de l'infinitf est exprimé et il est le complément d'objet direct du verbe de la proposition principale.

Exemple :

Au service des soins palliatifs, après vingt heures on ne veut plus entendre les malades chahuter dans leur chambre.

La subordonnée infinitive est complément d'objet du verbe dont elle dépend.

Chahuter dans leur chambre est complément d'objet du verbe interdit.

Les subordonnées circonstancielles

La proposition subordonnée circonstancielle permet de situer les circonstances dans lesquelles se passe l'action principale.

Elle peut être introduite par un participe présent ou passé. Ce sont les subordonnées participiales.

Exemple :

La vie l'ayant déçu, le brochet désespéré s'est jeté dans le ciel.

La vie l'ayant déçu : subordonnée participiale de cause.

Elle peut être introduite par une conjonction de subordination. Ce sont les subordonnées conjonctives de temps, de cause, de but, de conséquence.

LA SUBORDONNÉE CIRCONSTANCIELLE DE TEMPS

La subordonnée de temps indique les circonstances qui ont lieu avant, pendant ou après l'action de la principale.

Exemple :

Depuis qu'on lui a coupé la jambe gauche, Raymond s'est pris d'affection pour sa jambe droite.

Depuis quand Raymond s'est-il pris d'affection pour sa jambe droite ? Depuis qu'on lui a coupé sa jambe gauche : subordonnée de temps.

Formes de la subordonnée de temps :

La subordonnée de temps se met à l'indicatif ou au subjonctif, selon la conjonction qui l'introduit.

La subordonnée de temps se met à l'indicatif après les conjonctions :

Alors que, après que, aussitôt que, comme, dès que, lorsque, pendant que, quand, tandis que, tant que...

Exemple :

L'astronaute s'est fait gronder par sa femme alors qu'il débarquait de la lune. Il avait oublié de mettre ses patins en entrant.

Elle se met au subjonctif après les conjonctions :

Avant que, en attendant que, jusqu'à ce que.

Exemple :

Le gangster essuie toujours avec soin la lame de son couteau avant que le sang de sa victime ne sèche.

La subordonnée circonstancielle de cause

La subordonnée de cause indique la raison pour laquelle a lieu l'action de la principale.

Exemple :

Ce n'est pas parce que tu es hydrocéphale qu'il faut avoir la grosse tête !

L'action principale est d'avoir la grosse tête. Parce que tu es hydrocéphale : subordonnée de cause.

Formes de la subordonnée de cause :

La subordonnée de cause peut être à l'indicatif ou au subjonctif selon la conjonction qui l'introduit.

La subordonnée de cause se met à l'indicatif ou au conditionnel après les conjonctions :

Attendu que, comme, parce que, puisque, sous prétexte que.

Exemple :

Drame après une greffe du rein : parce qu'il lui reprochait son ingratitude, le donneur a grièvement blessé le nouveau greffé.

Elle se met au subjonctif après les locutions conjonctives :

Ce n'est pas que, non pas que, non que.

Exemple :

Ce n'est pas que je veuille savoir ce que vous avez derrière la tête, mais je souhaiterais vous trépaner.

LA SUBORDONNÉE CIRCONSTANCIELLE DE BUT

La subordonnée de but indique le but ou l'intention dans lesquels s'accomplit l'action de la principale.

Formes de la subordonnée de but

La subordonnée de but se met toujours au subjonctif après la conjonction qui l'introduit.

Exemple :

Pour qu'il puisse construire la Résidence des tilleuls, le délicat promoteur a fait arracher tous les tilleuls.

Dans quel but le promoteur a-t-il fait arracher tous les tilleuls ? Pour qu'il puisse construire la Résidence des tilleuls : subordonnée circonstancielle, complément de but de a fait arracher.

Les locutions conjonctives de but sont :

Afin que, de crainte que, de peur que, pour que, que.

Exemple :

Mon papa cambrioleur a volé du champagne afin que nous fêtions mon CAP de serrurier.

REMARQUE :

Il existe aussi des subordonnées circonstancielles de conséquence, de concession, de condition, de comparaison, etc.

La proposition subordonnée participiale se compose d'un participe (présent ou passé) et d'un nom sujet de ce participe, mais sans rapport avec la proposition principale.

Exemple :

La Banque de France organisant un concours de faux billets, le billet gagnant sera mis en circulation.

Proposition participiale formée du participe présent organisant, dont le sujet la Banque de France n'est rattaché à aucun mot de la principale.

Proposition participiale formée avec un participe passé.

Exemple :

La couleur l'ayant trompé, il a pris son serin pour un citron et l'a pressé.

Le gai laboureur, mère Marie de la Crucifixion,
le bûcheron ivre,
le commandant de bord aveugle,
le condamné à mort triste,
le tueur de l'abattoir, le chef de gare,
l'amiral un peu ivre, le pieux charcutier,
le médecin légiste irrésistible,
Sa Sainteté le pape, la grosse baronne,
le groupe folklorique occitan,
le marchand d'éléphants, une sorte de roi,
une espèce d'académicien,
le général au chômage, les mercières,
le greffé du cœur, le soldat inconnu,
les sœurs siamoises et les huîtres portugaises

ont le plaisir de vous inviter à les rejoindre
autour de la table des matières.

Table des matières